Tabla de contenido

Agradecimientos

Este Libro esta dedicado a mi mujer Jessica y a mi amigo Gaspar.

Introducción

La idea original de escribir este libro viene de las distintas formaciones y consultorías sobre Java EE que he realizado en los últimos años. En la plataforma JEE existen muchos libros que tratan sobre Spring Boot, JPA, Data etc. Pero casi siempre estos libros se centran en un único producto. Así pues para muchas personas resulta realmente difícil adquirir una visión global de cómo estos productos se integran unos con otros y conforman una solución empresarial. El objetivo de este libro es justamente el contrario, no se trata de hacernos expertos en JPA o en Spring Boot sino ser capaces de comenzar a manejar cada uno de estos frameworks y adquirir una visión global como arquitectos de cómo construir una aplicación empresarial .Para ello vamos a construir una aplicación Java EE pequeña que parta desde cero. La aplicación ira evolucionando según vayamos avanzando capítulos y se apoyara en los distintos frameworks o estándares existentes a la hora de abordar las distintas problematicas.

Conocimientos previos

Para poder abordar los conceptos que se explican en este libro no será necesario tener unos conocimientos amplios de la plataforma Java y de Java EE ya que como hemos dicho partiremos prácticamente de cero . Ahora bien si es recomendable conocer un mínimo del lenguaje Java así como unos mínimos de Java EE concretamente los conceptos de Servlet y JSP por último serán necesarios conocimientos sobre el lenguaje HTML.

Requerimientos de software

Una vez que tenemos claros los conocimientos necesarios para abordar con garantías los distintos capítulos vamos a listar el software que utilizaremos a la hora de crear nuestra aplicación.

- JDK 17 o superior
- Chrome
- Eclipse JEE
- Tomcat 10
- MySQL
- Windows 10 o superior

Instalación del entorno

Antes de comenzar a desarrollar nuestra aplicación debemos abordar una serie de pasos previos relativos a la instalación.

Instalación JDK 17 : En este caso simplemente nos bajamos el jdk 17 para Windows o bien lo instalamos desde el gestor de paquetes en caso de usar Ubuntu (open jdk).

Chrome : No hay mucho que decir en esta sección simplemente obtendremos el navegador le instalamos .

Eclipse JEE : Obtendremos el entorno de desarrollo eclipse y lo descomprimimos en un directorio cualquiera ya que al estar desarrollado en java y tener instalado el jdk simplemente con pulsar sobre su icono el entorno se lanzara sin mayores necesidades de instalación.

Tomcat 10: Obtendremos el servidor web Tomcat de la pagina de apache y lo descomprimimos en un directorio paralelo al que tenemos ubicado eclipse JEE

MySQL: Bajamos el instalador e instalamos el servidor de MySQL con las opciones por defecto . En este caso he usado Xampp como package de instalación.

Configuración del entorno

Hemos instalado ya todo el software que necesitamos y acabamos de abrir el entorno de desarrollo como la siguiente imagen muestra.

Es momento de integrar Eclipse JEE con Tomcat 10. Esto puede realizarse de una forma muy sencilla en la pestaña de servers pulsando botón derecho **New>Server** como se muestra en la siguiente imagen.

Al pulsar esta opción pasaremos a elegir el tipo de servidor que deseamos añadir a nuestro entorno de desarrollo (Tomcat 10) como se muestra en la imagen.

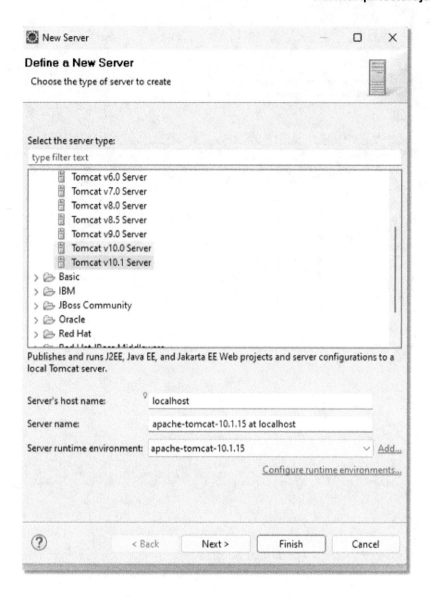

Elegido el tipo de servidor nos solicitará que especifiquemos en que directorio se encuentra instalado como se muestra a continuación.

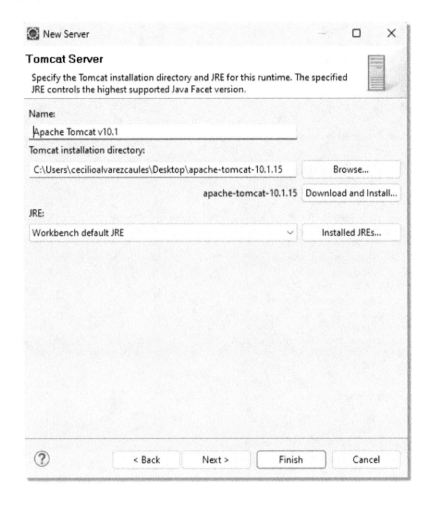

Seleccionamos el directorio y podemos pulsar sobre "Finish" en la pestaña de servidores nos aparecerá el nuevo servidor para que podemos utilizarle.

Tenemos ya el servidor configurado y vamos a proceder a construir nuestra primera aplicación web y desplegarla en el servidor. Para ello usaremos el menú de

File>New>Dynamic Web Project como se muestra a continuación y crearemos un nuevo proyecto web.

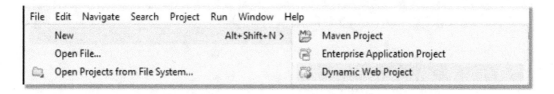

Elegido el tipo de proyecto eclipse nos solicitará que lo alojemos en alguno de los servidores que tenemos definido .En nuestro caso Tomcat 10.1 .La siguiente imagen muestra la ventana de configuración.

Una vez realizadas estas operaciones dispondremos en Eclipse de un nuevo proyecto web sobre Java EE con la que podremos comenzar a construir nuestra aplicación como se muestra a continuación.

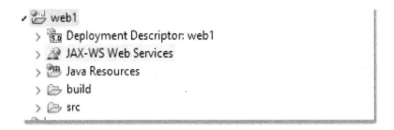

Resumen

Este capítulo ha servido para introducir los objetivos del libro así como configurar el entorno de desarrollo que vamos a utilizar en capítulos posteriores. En el próximo capítulo comenzaremos a desarrollar la aplicación.

HTML

En este capítulo vamos a comenzar a construir una pequeña aplicación web sobre Java EE que nos ayudará a gestionar una colección de Libros. La aplicación se encargará de añadir, borrar y filtrar los distintos libros que tenemos e ira evolucionando durante el transcurso de los distintos capítulos según se vayan abordando las distintas tecnologías de la plataforma.

Comenzaremos entonces por la parte más sencilla, la construcción de un formulario HTML a través del cual insertemos la información del Libro que deseamos guardar en la aplicación. A continuación se detalla el objetivo del capítulo y las tareas a llevar a cabo para cumplirlo.

Objetivo:

- Crear un formulario HTML que nos permita dar de alta nuevos libros en la aplicación.

Tareas:

1. Construir un formulario HTML que contenga los campos necesarios para dar de alta un nuevo libro (ISBN, titulo, categoría).
2. Validar los datos del formulario con campos requeridos

Acabamos de definir el conjunto de tareas a realizar quizá en este momento no tengamos claras todas ellas pero se irán clarificando según las vayamos abordando.

Construir un formulario HTML

La primera tarea que debemos llevar a cabo es sencilla y se trata de construir un formulario HTML para dar de alta nuevos libros .Para ello vamos a definir el conjunto inicial de campos que contendrá .

Campos :

- ISBN
- Titulo
- Categoría

Una vez definidos los campos es momento de construir el formulario utilizando etiquetas HTML como se muestra a continuación

Código 1.1: (formularionuevolibro.html)

```html
<!DOCTYPE html>
<html lang="es">
<head>
  <meta charset="UTF-8">
  <meta name="viewport" content="width=device-width, initial-scale=1.0">
  <title>Formulario de Libro</title>
</head>
<body>
<h2>Formulario de Libro</h2>
<form method="post" action="/salvarlibro">
  <label for="isbn">ISBN:</label>
  <input type="text" name="isbn" required><br>
  <label for="titulo">Título:</label>
  <input type="text" name="titulo" required><br>
  <label for="categoria">Categoría:</label>
  <input type="text" name="categoria" required><br>
  <input type="submit" value="Guardar Libro">
</form>
</body>
</html>
```

Nuestra primera versión del formulario es realmente sencilla como se muestra en la imagen al mostrarlo en un navegador

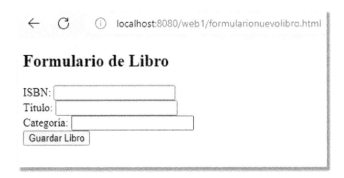

El formulario se encuentra ubicado dentro de un proyecto web de Eclipse como se muestra a continuación (en la carpeta webapp).

Una vez construido el formulario pasaremos a la siguiente tarea.

Validaciones

Este libro no trata de convertirnos en unos expertos en JavaScript sino ayudarnos a tomar buenas decisiones a nivel de arquitectura, las validaciones que vamos a usar en el formulario serán sencillas y en este caso únicamente validamos que los campos sean rellenados .

Una vez realizadas estas modificaciones lo único que nos queda es clarificar que existirá una url salvarlibro.jsp que se encargara de salvar el libro en una base de datos. Algo que podemos ver desde la etiqueta form.

```
<form method="post" action="/insertarlibro.jsp">
```

Resumen

Este capítulo nos ha servido para construir un formulario HTML que usaremos mas adelante en nuestra aplicación JEE .Pero sobre todo nos ha servido para irnos familiarizando con la estructura de contenidos que el libro seguirá en los próximos capítulos.

Java Server Pages

En el capítulo anterior hemos construido un formulario HTML. En este capítulo nos encargaremos de construir las primeras páginas JSP de nuestra aplicación que se encargaran de guardar los datos de nuestros libros en base de datos así como de mostrar una lista con los libros que hemos almacenado en esta. A continuación se detallan los objetivos del capítulo.

Objetivos:

- Crear la pagina "insertarlibro.jsp" que se encargara de insertar libros en nuestra base de datos.
- Crear la pagina "listalibros.jsp" que se encargara de presentar una lista con los libros almacenados en la base de datos.

Tareas:

1. Construcción de la tabla Libros en un servidor MySQL.
2. Instalación de un driver JDBC nativo para acceder a la base de datos desde Java.
3. Creación de la pagina "insertarlibro.jsp" .
4. Creación de la pagina "listalibros.jsp".

Creación de una tabla Libros

Para realizar esta tarea debemos de haber instalado previamente un servidor MySQL y añadido un esquema denominado **"biblioteca"** a este. Una vez realizadas estas dos operaciones elementales usaremos la herramienta de PhpMyAdmin para generar una tabla con los siguientes campos.

- Isbn: varchar (13).
- Titulo: varchar (25).
- Categoria: varchar (25) .

A continuación se muestra una imagen con la tabla ya creada dentro del esquema usando Xampp como servidor de MySQL.

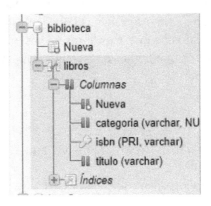

Tras crear la tabla en la base de datos podemos pasar a la siguiente tarea que nos ayuda a instalar un driver JDBC.

Instalar el driver JDBC.

Al crear la tabla en el servidor MySQL necesitaremos acceder a ella desde nuestra aplicación web para ello deberemos instalar en la aplicación un driver JDBC nativo para MySQL. El driver se puede obtener de la siguiente url.

- https://dev.mysql.com/downloads/connector/j/

Una vez obtenido el driver (formato zip o tar.gz) le descomprimiremos y obtendremos el fichero **mysql-connector-j-8.2.0.jar** que es el que contiene las clases que nos permiten conectarnos a MySQL desde Java. Obtenido este fichero le añadiremos a la carpeta **lib** de nuestra aplicación web como se muestra en la imagen.

Terminadas ya las estas primeras tareas orientadas más hacia la administración que hacia el desarrollo podemos comenzar a construir las páginas de nuestra aplicación.

Creación de la página "insertarlibro.jsp"

La página "insertarlibro.jsp" recogerá los datos enviados por el formulario construido en el capítulo anterior e insertara un nuevo registro en la base de datos . El siguiente diagrama muestra la relación los tres elementos.

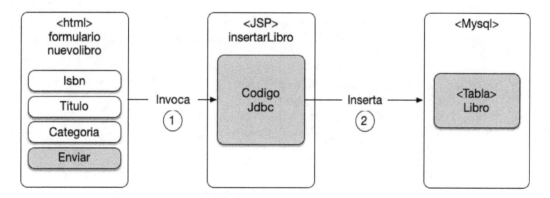

Vamos a renombrar el fichero del capítulo anterior como

- formularionuevolibro.jsp

Asignándole la extensión .jsp para que a partir de estos momentos todas las paginas compartan la misma. Es el momento de pasar a construir la pagina "insertarlibro.jsp", a continuación se muestra su código fuente.

Código 2.1: (InsertarLibro.jsp)

```jsp
<%@ page import="java.sql.*" %>
<%@ page contentType="text/html;charset=UTF-8" language="java" %>
<html>
<head>
  <meta charset="UTF-8">
  <title>Guardar Libro</title>
</head>
<body>

<%
  // Obtener parámetros del formulario
  String isbn = request.getParameter("isbn");
  String titulo = request.getParameter("titulo");
  String categoria = request.getParameter("categoria");

  try {
    // Configuración de la conexión JDBC
    String jdbcUrl = "jdbc:mysql://localhost:3306/biblioteca";
    String usuario = "root";
    String contraseña = "";
    Class.forName("com.mysql.cj.jdbc.Driver");

    // Utilizando try-with-resources para garantizar el cierre de recursos
    try (Connection connection = DriverManager.getConnection(jdbcUrl, usuario,
contraseña);
        PreparedStatement preparedStatement =
connection.prepareStatement("INSERT INTO libros (isbn, titulo, categoria) VALUES (?,
?, ?)")) {

        // Establecer los parámetros de la consulta
        preparedStatement.setString(1, isbn);
        preparedStatement.setString(2, titulo);
        preparedStatement.setString(3, categoria);

        // Ejecutar la inserción
        preparedStatement.executeUpdate();
        out.println("<p>Libro insertado exitosamente.</p>");

    } catch (SQLException e) {
        out.println("<p>Error al insertar el libro.</p>");
        e.printStackTrace();
    }

  } catch (Exception e) {
    out.println("<p>Error al procesar el formulario.</p>");
    e.printStackTrace();
  }
%>
</body>
</html>
```

Como podemos observar el código de la pagina aunque es sencillo es también bastante extenso ya que se encarga de gestionar la conexión a la base de datos y posterior ejecución de una consulta .A continuación se enumeran las operaciones principales que el código realiza.

1. Lee la información que proviene de formularionuevolibro.html usando el objeto request de JSP.
2. Crea un objeto de tipo Connection (conexión) y un objeto de tipo PreparedStatement (sentencia)
3. Crea una consulta SQL de inserción con los datos del libro
4. Ejecuta la sentencia con su SQL
5. Cierra los recursos (conexión ,sentencia etc) con try with resources

A continuación se muestra una imagen de la estructura del proyecto y el nuevo fichero que acabamos de crear.

Una vez creada esta primera página podemos cargar el formulario rellenarlo e insertar nuevos registros. Es momento de abordar el segundo objetivo del capítulo.

Creación de la pagina listalibros.jsp

La página "listalibros.jsp" es la página que se encargará de mostrar una lista completa de todos los libros que tenemos almacenados en la base de datos. Para ello hará uso del API de JDBC como se muestra en el siguiente diagrama.

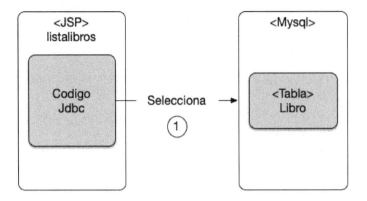

A continuación se muestra el código fuente de la página.

Código 2.2:listalibros.jsp

```
<%@ page import="java.sql.*" %>
<%@ page contentType="text/html;charset=UTF-8" language="java" %>
<html>
<head>
   <meta charset="UTF-8">
   <title>Lista de Libros</title>
</head>
<body>

<%
   try {
      // Configuración de la conexión JDBC
      String jdbcUrl = "jdbc:mysql://localhost:3306/biblioteca";
      String usuario = "root";
      String contraseña = "";

      // Utilizando try-with-resources para garantizar el cierre de recursos
      try (Connection connection = DriverManager.getConnection(jdbcUrl, usuario,
contraseña);
         Statement statement = connection.createStatement();
         ResultSet resultSet = statement.executeQuery("SELECT * FROM libros")) {

         out.println("<h2>Lista de Libros</h2>");
         out.println("<table border='1'>");
         out.println("<tr><th>ISBN</th><th>Título</th><th>Categoría</th></tr>");

         // Recorrer los resultados y mostrar en la tabla
         while (resultSet.next()) {
            String isbn = resultSet.getString("isbn");
```

```
            String titulo = resultSet.getString("titulo");
            String categoria = resultSet.getString("categoria");

            out.println("<tr><td>" + isbn + "</td><td>" + titulo + "</td><td>" + categoria +
"</td></tr>");
        }

        out.println("</table>");

    } catch (SQLException e) {
        out.println("<p>Error al obtener la lista de libros.</p>");
        e.printStackTrace();
    }

  } catch (Exception e) {
    out.println("<p>Error al procesar la solicitud.</p>");
    e.printStackTrace();
  }
%>

</body>
</html>
```

Como podemos ver el código fuente de listalibros.jsp realiza las siguientes tareas.

1. Crea un objeto conexión y un objeto sentencia (prepared o preparada).
2. Crea una consulta SQL de selección para todos los libros de la tabla.
3. Ejecuta la sentencia con su SQL.
4. Devuelve un *ResultSet* con todos los registros.
5. Recorre el *ResultSet* y lo imprime en html.
6. Cierra los recursos (conexión ,sentencia, etc) usando try with resources.

Una vez creadas ambas páginas podemos invocar a través del navegador a la página listalibros.jsp y ver cuál es la lista inicial de libros que presenta(hemos insertado 1).

Tras cargar esta página podremos crear un nuevo enlace en ella que nos permita navegar al nuevo libro.

```
<a href="formularionuevolibro.jsp">Nuevo</a>
```

Esto nos redirige al formulario de inserción que se muestra.

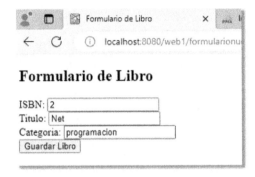

Modificación de insertar Libro

Aquí podemos ver el botón de Guardar Libro tenemos que hacer una pequeña modificación en el fichero insertarlibro.jsp.

```
//out.println("<p>Libro insertado exitosamente.</p>"); comentamos
response.sendRedirect("listalibros.jsp"); //añadimos
```

Comentamos el mensaje de inserción y usamos el objeto response para que nos redirija a la pagina del listado. Ahora una vez pulsemos al botón de guardar un nuevo libro será insertado en la tabla Libros y la aplicación volverá a mostrar la página listalibros.jsp como se muestra a continuación.

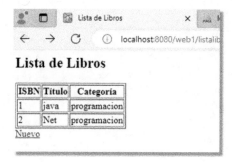

Por último mostramos la estructura de ficheros final del capítulo.

Resumen

En este capítulo hemos progresado añadiendo una nueva funcionalidad a nuestra aplicación, que en estos momentos ya es capaz de insertar y seleccionar registros de la base de datos con éxito .

DRY y JSP

En el capítulo anterior hemos construido la funcionalidad de insertar y listar libros .Sin embargo si revisamos el código de nuestras paginas nos podemos dar cuenta de que gran parte es idéntico en ambas (esta repetido). Este problema es muy habitual en el desarrollo de aplicaciones y genera problemas de mantenimiento ya que si en algún momento tenemos que cambiar parte del código deberemos ir pagina por pagina realizando las modificaciones ya que le hemos repetido en todas. Para solventar este problema en este capítulo introduciremos uno de los principios mas importantes de ingeniería de software **el principio DRY.**

DRY : DRY o Don't Repeat YourSelf define que cualquier funcionalidad existente en un programa debe existir de forma única en el , o lo que es lo mismo no debemos tener bloques de código repetidos.

Una vez que tenemos claro este principio es momento de definir los objetivos y tareas de las que se encarga este capítulo

Objetivos:

- Aplicar el principio DRY a las páginas que hemos construido hasta este momento eliminando cualquier repetición de código.
- Avanzar en la construcción de la aplicación y añadir un desplegable de categorías, revisar el uso del principio DRY apoyándonos en el desplegable

Tareas:

1. Aplicar el principio DRY y crear una nueva clase que ayude a eliminar el código repetido JDBC de las páginas.
2. Modificar las páginas JSP para que deleguen parte de su funcionalidad en la nueva clase.

3. Añadir desplegable de categorías para seguir profundizando en la aplicación del principio DRY.
4. El principio DRY y las consultas SQL.
5. El principio DRY métodos y parámetros
6. ResultSet vs listas de objetos
7. Uso de interfaces a nivel de libro
8. Cierre de conexiones

Añadir nueva clase

Para poder añadir una nueva clase a la aplicación que se encargue de reducir las repeticiones de código, tenemos debemos tener claro que repeticiones queremos tratar en un primer momento. En nuestro caso nos vamos a centrar en eliminar el código JDBC repetido en nuestras páginas como se muestra en la siguiente imagen.

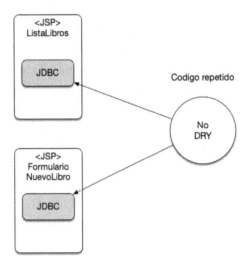

La nueva clase que vamos a construir se va a denominar DataBaseHelper y nos ayudara a gestionar mejor el código JDBC.

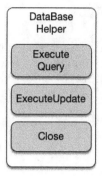

Esta clase implementara los siguientes métodos fundamentales.

- **public static ResultSet executeQuery(String sql, Object... parametros)**: Método que se encargará de ejecutar una consulta SQL de selección y devolvernos un conjunto de registros con una estructura de ResultSet.
- **public static void executeUpdate(String sql) :**Método que se encargará de ejecutar cualquier consulta SQL de modificación (insert,update,delete etc) y devolvernos un entero con el numero de filas afectadas.
- **public static close** (Connection, Statement,ResultSet): Método que Cierra los recursos abiertos de acceso a datos.
- **public static Connection getConnection:** Obtiene la conexion a la base de datos:

A continuación se muestra su código fuente.

Código 3.1: (DatabaseHelper.java)

```java
package com.arquitecturajava.helpers;
import java.sql.Connection;
import java.sql.DriverManager;
import java.sql.PreparedStatement;
import java.sql.ResultSet;
import java.sql.SQLException;

public class DatabaseHelper {

    private static final String JDBC_URL = "jdbc:mysql://localhost:3306/biblioteca";
    private static final String USUARIO = "root";
    private static final String CONTRASEÑA = "";

    // Método para obtener una conexión a la base de datos
    public static Connection getConnection()
throws SQLException, ClassNotFoundException {
        Class.forName("com.mysql.cj.jdbc.Driver");
        return DriverManager.getConnection(JDBC_URL, USUARIO, CONTRASEÑA);
```

```java
    }

    // Método para cerrar la conexión y liberar recursos
    public static void close(Connection connection, PreparedStatement
preparedStatement, ResultSet resultSet) {
        try {
            if (resultSet != null) {
                resultSet.close();
            }
            if (preparedStatement != null) {
                preparedStatement.close();
            }
            if (connection != null) {
                connection.close();
            }
        } catch (SQLException e) {
            e.printStackTrace();
        }
    }

    // Método para ejecutar consultas de modificación (inserciones, actualizaciones,
eliminaciones)
    public static int executeUpdate(String sql, Object... parameters) {
        Connection connection = null;
        PreparedStatement preparedStatement = null;

        try {
            connection = getConnection();
            preparedStatement = connection.prepareStatement(sql);

            // Establecer parámetros de la consulta
            for (int i = 0; i < parameters.length; i++) {
                preparedStatement.setObject(i + 1, parameters[i]);
            }

            // Ejecutar la consulta de modificación
            return preparedStatement.executeUpdate();

        } catch (SQLException e) {
            e.printStackTrace();
            return -1; // Devolver un valor negativo en caso de error
        } finally {
            close(connection, preparedStatement, null);
        }
    }

    // Método para ejecutar consultas de selección
    public static ResultSet executeQuery(String sql, Object... parameters) {
        Connection connection = null;
        PreparedStatement preparedStatement = null;

        try {
```

```
        connection = getConnection();
        preparedStatement = connection.prepareStatement(sql);

        // Establecer parámetros de la consulta
        for (int i = 0; i < parameters.length; i++) {
            preparedStatement.setObject(i + 1, parameters[i]);
        }

        // Ejecutar la consulta de selección
        return preparedStatement.executeQuery();

    } catch (SQLException e) {
        e.printStackTrace();
        return null; // Devolver null en caso de error
    }
  }
}
```

Una vez que esta clase esté construida las páginas JSP de nuestra aplicación simplificarán de una forma importante el código que contienen y delegarán en la clase DataBaseHelper para realizar la mayor parte de las operaciones JDBC. A continuación se muestra un diagrama con la nueva estructura de páginas y clases.

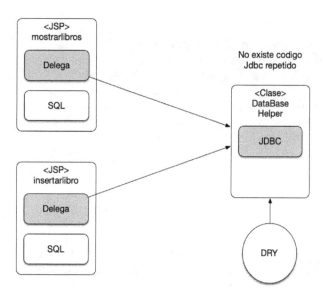

Acabamos de construir la clase DataBaseHelper es momento de pasar a modificar las paginas JSP para que deleguen en ella.

Modificar paginas JSP

Tras la construcción de la nueva clase modificaremos el código de las páginas que se ven afectadas por ella en concreto

1. InsertarLibro.jsp
2. MostrarLibros.jsp

A continuación pasamos a mostrar el código de ambas.

Código 3.2: (InsertarLibro.jsp)

```jsp
<%@ page import="com.arquitecturajava.helpers.DatabaseHelper"%>
<%@ page contentType="text/html;charset=UTF-8" language="java"%>
<html>
<head>
<meta charset="UTF-8">
<title>Insertar Libro</title>
</head>
<body>

        <%
        String isbn = request.getParameter("isbn");
        String titulo = request.getParameter("titulo");
        String categoria = request.getParameter("categoria");

        String consulta = "INSERT INTO libros (isbn, titulo, categoria) VALUES (?, ?, ?)";
         DatabaseHelper.executeUpdate(consulta, isbn, titulo, categoria);
         response.sendRedirect("listalibros.jsp");
    %>

</body>
</html>
```

Como podemos ver la página insertarlibros.jsp queda simplificada de forma importante sin embargo no ocurre lo mismo con listalibros.jsp como se puede ver a continuación.

Código 3.3: (listalibros.jsp).

```jsp
<%@ page import="java.sql.*" %>
<%@ page import="com.arquitecturajava.helpers.DatabaseHelper" %>
<%@ page contentType="text/html;charset=UTF-8" language="java" %>
<html>
```

```
<head>
  <meta charset="UTF-8">
  <title>Listado de Libros</title>
</head>
<body>



<%
  // Obtener el listado de libros desde la base de datos
  String consulta = "SELECT * FROM libros";

  try {
      ResultSet resultSet =  DatabaseHelper.executeQuery(consulta);

    // Mostrar el listado de libros en una tabla

      out.println("<h2>Listado de Libros</h2>");
      out.println("<table border='1'>");
      out.println("<tr><th>ISBN</th><th>Título</th><th>Categoría</th></tr>");

      while (resultSet.next()) {
         String isbn = resultSet.getString("isbn");
         String titulo = resultSet.getString("titulo");
         String categoria = resultSet.getString("categoria");

         out.println("<tr><td>" + isbn + "</td><td>" + titulo +
"</td><td>" + categoria + "</td></tr>");
      }

      out.println("</table>");

    // Cerrar la conexión y el PreparedStatement
    //DatabaseHelper.close(connection, preparedStatement, resultSet);

  } catch (Exception e) {
      out.println("<p>Error al obtener el listado de libros.</p>");
      e.printStackTrace();
  }
%>
<a href="formularionuevolibro.jsp">Nuevo</a>
</body>
</html>
```

Hemos reducido el código pero aun nos queda. Para poder simplificar aún más el código de la página listalibros.jsp deberemos apoyarnos de nuevo en el principio DRY. Sin embargo con tan poco código construido es difícil ver cómo aplicarlo con mayor coherencia. Así pues vamos a añadir una nueva funcionalidad a nuestra aplicación que nos sirva para en adelante ver las cosas con mayor claridad.

Añadir Filtro por categoría

Vamos a añadir un desplegable de categorías a la página MostrarLibros.jsp que nos
permitirá a futuro realizar filtrados sobre la lista dependiendo de la categoría que
elijamos. La siguiente imagen muestra el desplegable en cuestión.

Para conseguir que nuestra página de listalibros muestre el desplegable tendremos que
añadir el siguiente bloque de código a ella antes de mostrar el listado.

Código 3.4: (listalibros.jsp)

```
<%
  // Obtener la categoria de libros de la base de datos
  String consultaCategoria = "SELECT distinct(categoria) FROM libros";
  try {
     ResultSet resultSet = DatabaseHelper.executeQuery(consultaCategoria);

     // Mostrar el listado de libros en una tabla

       out.println("<select name='categoria'>");
       while (resultSet.next()) {
          String categoria = resultSet.getString("categoria");
          out.println("<option>" + categoria + "</option>");
       }
       out.println("</select>");
  } catch (Exception e) {
     out.println("<p>Error al obtener las categorias</p>");
     e.printStackTrace();
  }
%>
```

En principio esta acción no es muy complicada, sin embargo si revisamos el formulario
de inserción nos daremos cuenta que deberemos diseñarlo como desplegable. Tal
como se muestra en la siguiente imagen.

← C ⓘ localhost:8080/web3/formularionuevolibro.jsp

Formulario de Libro

ISBN: [   ]
Titulo: [   ]
Categoria: [programacion ▾]
[Guardar Libro]

En la página de listalibros.jsp utilizaremos el desplegable para filtrar la lista de libros por categoría, mientras que el formulario permitirá al usuario seleccionar las categorías de forma más sencilla, y evitando cualquier tipo de error en su escritura al estar prefijadas. Ahora bien la consulta SQL esta repetida en ambas páginas como se muestra en la siguiente imagen.

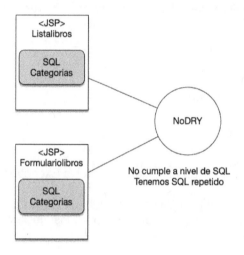

Por lo tanto nos encontramos en una situación similar a la anterior solo que en esta ocasión en vez de tener código JDBC repetido tenemos consultas SQL.

El principio DRY y las consultas SQL

Para evitar la repetición de SQLs a lo largo de las distintas páginas JSP, con los problemas de mantenimiento que esto conlleva, nos apoyaremos en la idea anterior y crearemos una nueva clase que se encargue de gestionar las consultas.

En nuestro caso denominaremos a la nueva clase **LibroAR** (Active Record) y almacenará todas las consultas que manejen los datos que la tabla Libro contiene. Active Record es una de los patrones de persistencia más clásicos. A continuación se muestra una imagen sobre cómo encaja la nueva clase en la estructura que ya teníamos definida.

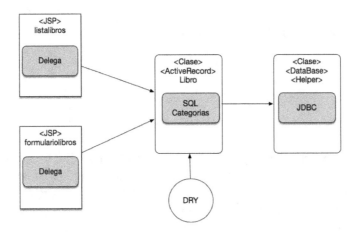

Clarificado así donde encaja la nueva clase en nuestra arquitectura vamos a mostrar su código fuente.

Código 3.5 : (LibroAR.java)

```java
package com.arquitecturajava.helpers;
import java.sql.ResultSet;
import java.sql.SQLException;
public class LibroAR {

public static ResultSet buscarTodasLasCategorias() throws Exception {

   String consultaCategoria = "SELECT distinct(categoria) FROM libros";
   ResultSet resultSet = DatabaseHelper.executeQuery(consultaCategoria);
  return resultSet;
}

public static void insertar(String isbn,String titulo,String categoria) throws Exception {

   String consultaInsercion = "INSERT INTO libros (isbn, titulo, categoria)
   VALUES (?, ?, ?)";
   DatabaseHelper.executeUpdate(consultaInsercion, isbn, titulo, categoria);
}
public static ResultSet buscarTodos() throws Exception {

   String consulta = "SELECT * FROM libros";
   ResultSet resultSet = DatabaseHelper.executeQuery(consulta);
   return resultSet;
}
}
```

Como podemos la clase alberga tres métodos.

1. buscarTodos()
2. buscarPorCategoria()
3. insertar()

Cada uno de ellos se encarga de ejecutar una de las consultas necesarias para la tabla Libros. Una vez creada esta clase las paginas JSP podrán delegar en ella y eliminar las consultas SQL de las páginas. A continuación se muestra la pagina "insertarlibro.jsp" como ejemplo del uso de la clase LibroAR en las páginas.

Código 3.6: (insertarlibro.jsp)

```jsp
<%@ page language="java" contentType="text/html; charset=UTF-8"
        pageEncoding="UTF-8"%>
<%@page import="com.arquitecturajava.Libro"%>
<%
        String isbn= request.getParameter("isbn");
        String titulo= request.getParameter("titulo");
        String categoria= request.getParameter("categoria");

        //realizo la consulta usando el DBHelper y el codigo queda simplificado

        LibroAR.insertar(isbn,titulo,categoria);
        response.sendRedirect("listalibros.jsp");
%>
```

Hemos eliminado las consultas SQL de nuestras páginas aplicando el principio DRY. Sin embargo es buen momento para volver a revisar este principio de cara a la nueva clase LibroAR que hemos construido. Si nos fijamos en la firma del método insertar.

Código3.7: (LibroAR.java)

```java
public static  void insertar(String isbn, String titulo, String categoria)
```

Nos podemos dar cuenta que probablemente no sea el único método que incluya estos parámetros ya que el método modificar y el método borrar tendrán parámetros similares cuando se construyan como se muestra a continuación.

Código 3.8: (Libro.java)

```java
public static  void editar(String isbn, String titulo, String categoria)

public static  void borrar(String isbn)
```

Parece claro que todos comparten un mismo grupo de parámetros. Así pues es una ocasión perfecta para volver a aplicar el principio DRY y eliminar esta repetición de parámetros.

El principio DRY métodos y parametros

En programación orientada a objeto una clase siempre se compone de propiedades y métodos o funciones. En nuestro caso la clase Libro no dispone de propiedades y de ahí los problemas con todos los parámetros como se muestra en la siguiente imagen.

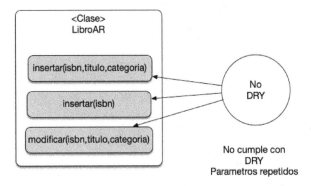

Por lo tanto vamos a modificar nuestra clase para que disponga de las propiedades necesarias y los métodos se puedan apoyar en de parámetros.

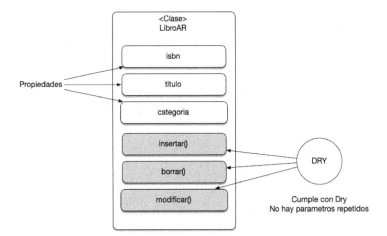

La imagen clarifica la nueva estructura de la clase y como esta se apoya en el principio DRY en ellas evitando repeticiones innecesarias .Una vez tenemos claro las modificaciones que afectaran a la clase vamos a ver su código fuente.

Código 3.9: (LibroAR.java)

```java
package com.arquitecturajava.helpers;

import java.sql.ResultSet;
import java.sql.SQLException;

public class LibroAR {

        private String isbn;
        private String titulo;
        private String categoria;

        public String getIsbn() {
                return isbn;
        }

        public void setIsbn(String isbn) {
                this.isbn = isbn;
        }

        public String getTitulo() {
                return titulo;
        }

        public void setTitulo(String titulo) {
                this.titulo = titulo;
        }

        public String getCategoria() {
                return categoria;
        }

        public void setCategoria(String categoria) {
                this.categoria = categoria;
        }

        public LibroAR(String isbn, String titulo, String categoria) {
                super();
                this.isbn = isbn;
                this.titulo = titulo;
                this.categoria = categoria;
        }

        public static ResultSet buscarTodasLasCategorias() throws Exception{

                String consultaCategoria = "SELECT distinct(categoria) FROM libros";
                ResultSet resultSet =   DatabaseHelper
```

```
                    .executeQuery(consultaCategoria);
                    return resultSet;

        }

public static ResultSet buscarTodosPorCategoria(String categoria)throws Exception {

                String consultaCategoria = "SELECT * from libros where categoria=?";
                ResultSet resultSet = DatabaseHelper.executeQuery(consultaCategoria
                ,categoria);
                return resultSet;
        }

        public  void insertar() throws Exception {

                String consultaInsercion = "INSERT INTO libros
                (isbn, titulo, categoria) VALUES (?, ?, ?)";
                DatabaseHelper.executeUpdate(consultaInsercion,
                getIsbn(), getTitulo(), getCategoria());
        }

        public static ResultSet buscarTodos()throws Exception {

                String consulta = "SELECT * FROM libros";
                ResultSet resultSet = DatabaseHelper.executeQuery(consulta);
                return resultSet;

        }
}
```

Visto así el código fuente es momento de mostrar las modificaciones que debemos realizar a nivel de las páginas JSP. En este caso volveremos a apoyarnos en la página insertarlibro.jsp.

Código 3.10: (insertarlibro.jsp)

```
<%@ page import="com.arquitecturajava.helpers.DatabaseHelper"%>
<%@page import="com.arquitecturajava.helpers.LibroAR"%>
<%@ page contentType="text/html;charset=UTF-8" language="java"%>

<%
        String isbn = request.getParameter("isbn");
        String titulo = request.getParameter("titulo");
        String categoria = request.getParameter("categoria");

        LibroAR libro= new LibroAR(isbn,titulo,categoria);
        libro.insertar();
        response.sendRedirect("listalibros.jsp");
%>
```

Como podemos ver el método insertar ya no necesita recibir ningún tipo de parámetro ya que obtiene toda la información que necesita de las propiedades que son asignadas a nivel del constructor del objeto (lo hemos convertido en método de instancia). Hemos avanzado bastante sin embargo todavía quedan algunos flecos pendientes. En concreto nos referimos a los métodos de búsqueda que en estos momentos devuelven ResultSets como se muestra a continuación.

Código 3.11 (Libro.java)

```
public ResultSet buscarTodos();

public ResultSet buscarTodasLasCategorias();
```

La siguiente tarea se encargará de atacar este problema

ResultSets vs Listas de objetos

Para las paginas JSP sería mucho más sencillo a la hora de trabajar el recibir una lista de objetos (lista de Libros) ya que no tendría que encargarse cerrar el ResultSet y gestionar las posibles excepciones .Por lo tanto nuestra tarea se encargará de modificar los métodos de búsqueda para que devuelvan estructuras de tipo lista como muestra la

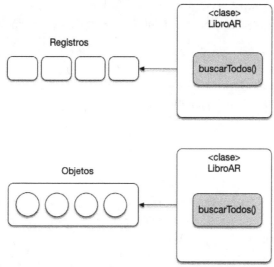

siguiente imagen.

Asi pues vamos a modificar nuestro código para que devuelva una lista de objetos

Código 3.12: (Libro.java)

```java
public static ArrayList<LibroAR> buscarTodos() throws Exception {

        ArrayList<LibroAR> lista = new ArrayList<LibroAR>();
        String consulta = "SELECT * FROM libros";
        ResultSet resultSet = DatabaseHelper.executeQuery(consulta);
        while (resultSet.next()) {

        lista.add(new LibroAR(resultSet.getString("isbn"), resultSet.getString("titulo"),
                resultSet.getString("categoria")));

        }
        DatabaseHelper.close(resultSet.getStatement().getConnection(),
        resultSet.getStatement(), resultSet);

        return lista;

}
```

Una vez modificado el método buscarTodos() la pagina listalibros.jsp podrá apoyarse en el nuevo método a la hora de mostrar los datos.

Código 3.13: (Libro.java)

```java
ArrayList<LibroAR> listaLibros = LibroAR.buscarTodos();
    out.println("<h2>Listado de Libros</h2>");
    out.println("<table border='1'>");
    out.println("<tr><th>ISBN</th><th>Título</th><th>Categoría</th></tr>");

    for (LibroAR libro: listaLibros) {
       out.println("<tr><td>" + libro.getIsbn()
       + "</td><td>" + libro.getTitulo() +
       "</td><td>" + libro.getCategoria() +
       "</td></tr>");
    }
    out.println("</table>");
```

Como podemos observar ya no existen referencias a JDBC en la pagina, el mismo cambio se puede aplicar al método de buscarTodasLasCategorias() a continuación se muestra su código fuente.

Código 3.14: (Libro.java)

```java
public static ArrayList<String> buscarTodasLasCategorias() throws Exception {
        ArrayList<String> lista = new ArrayList<String>();
        String consultaCategoria = "SELECT distinct(categoria) FROM libros";
```

```
        ResultSet resultSet = DatabaseHelper.executeQuery(consultaCategoria);
        while (resultSet.next()) {

                lista.add(resultSet.getString("categoria"));

        }
        DatabaseHelper.close(resultSet.getStatement().getConnection(),
resultSet.getStatement(), resultSet);
        return lista;

}
```

Uso de interfaces a nivel de Libro

En estos momentos disponemos de métodos de búsqueda de Libros o Categorías que devuelven un ArrayList de un tipo determinado <LibroAR> o< String> de categorías como se muestra a continuación.

Si queremos tener una mayor flexibilidad en el parámetro de retorno deberemos cambiar el tipo ArrayList por el **Interface List que permite más implementaciones** como

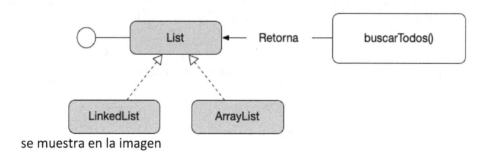

se muestra en la imagen

A continuación se muestra como queda el código una vez modificado

Código 3.15: (Libro.java)

```
public static List<LibroAR> buscarTodos() throws Exception {

        List<LibroAR> lista = new ArrayList<LibroAR>();
        String consulta = "SELECT * FROM libros";
        ResultSet resultSet = DatabaseHelper.executeQuery(consulta);
```

```
        while (resultSet.next()) {

        lista.add(new LibroAR(resultSet.getString("isbn"), resultSet.getString("titulo"),
                resultSet.getString("categoria")));

        }
        DatabaseHelper.close(resultSet.getStatement().getConnection(),
        resultSet.getStatement(), resultSet);

        return lista;
}
```

Una vez realizados todos estos cambios vamos a mostrar como queda el código final de la pagina listalibros.jsp.

Código 3.16: (listalibros.jsp)

```
<%@ page import="java.sql.*" %>

<%@ page import="com.arquitecturajava.helpers.LibroAR" %>
<%@ page import="java.util.List" %>
<%@ page contentType="text/html;charset=UTF-8" language="java" %>
<html>
<head>
   <meta charset="UTF-8">
   <title>Listado de Libros</title>
</head>
<body>

<%
try {

    List<String> listaCategorias = LibroAR.buscarTodasLasCategorias();

    // Mostrar el listado de libros en una tabla

        out.println("<select name='categoria'>");
        out.println("<table border='1'>");

        for (String categoria: listaCategorias) {

          out.println("<option>" + categoria + "</option>");
        }


        out.println("</select>");

    // Cerrar la conexión y el PreparedStatement
    //DatabaseHelper.close(connection, preparedStatement, resultSet);

    } catch (Exception e) {
```

```
            out.println("<p>Error al obtener las categorias</p>");
            e.printStackTrace();
    }
%>


<%

    try {

        List<LibroAR> listaLibros = LibroAR.buscarTodos();

            // Mostrar el listado de libros en una tabla

                out.println("<h2>Listado de Libros</h2>");
                out.println("<table border='1'>");
                out.println("<tr><th>ISBN</th><th>Título</th><th>Categoría</th></tr>");

                for (LibroAR libro: listaLibros) {

                    out.println("<tr><td>" + libro.getIsbn()
                    + "</td><td>" + libro.getTitulo() +
                    "</td><td>" + libro.getCategoria() +
                    "</td></tr>");

                }


                out.println("</table>");

            // Cerrar la conexión y el PreparedStatement
            //DatabaseHelper.close(connection, preparedStatement, resultSet);

    } catch (Exception e) {
            out.println("<p>Error al obtener el listado de libros.</p>");
            e.printStackTrace();
    }
%>
<a href="formularionuevolibro.jsp">Nuevo</a>
</body>
</html>
```

Resumen

En este capítulo hemos centrado nuestros esfuerzos en explicar el principio DRY y aplicarlo en nuestra aplicación. Como resultado han aparecido dos nuevas clases LibroAR y DataBaseHelper. La arquitectura de nuestra aplicación se ha hecho más compleja pero como contraprestación hemos reducido de forma importante la repetición de código que teníamos en la presentación y el esfuerzo de desarrollo.

Manejo de excepciones

En el capítulo anterior hemos añadido funcionalidad a la aplicación y construido una clase LibroAR que cumple con el patrón ActiveRecord. A partir de este capítulo no añadiremos mucha más funcionalidad sino que nos centraremos en ir aplicando distintos refactorings que permitan un mejor comportamiento de la aplicación y su patronaje. En este capítulo nos encargaremos en mejorar la gestión de excepciones .A continuación como siempre definimos los objetivos y tareas a realizar.

Objetivos:

- Simplificar el manejo de excepciones de la aplicación

Tareas:

1. Revisión de el flujo de excepciones y uso de la clausulas try/catch.
2. Excepciones RunTime
3. Excepciones y JSP
4. Crear Pagina de Error
5. Modificación del fichero web.xml.

Flujo de excepciones y clausulas catch

Como punto de partida vamos a analizar cómo se gestionan las excepciones en estos momentos en la aplicación. Para ello nos vamos a apoyar en los siguientes ficheros.

- Clase DataBaseHelper
- Clase LibroAR
- listalibros.jsp

Si revisamos el código de manejo de excepciones que de la clase DataBaseHelper nos podremos dar cuenta de se encarga de capturar todas las excepciones que se producen usando clausulas try/catch cerrando los recursos y volviendo a lanzar el error

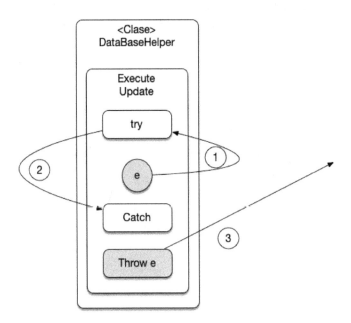

Aunque esta gestión en un primer momento pueda parecernos correcta tiene un problema. Si volvemos a lanzar las mismas excepciones tendremos que volverlas a capturar en la siguiente capa lo cual hace el código engorroso.

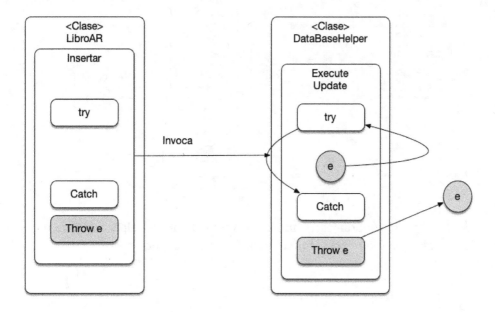

Por lo tanto tenemos un problema relacionado con el principio DRY ya que repetimos mucho la parte de gestión de excepciones y el código acaba siendo difícil de manejar.

Excepciones RunTime.

Vamos a cambiar el manejo de excepciones para que se lancen RuntimeException , estas tienen la peculiaridad de que no hace falta capturarlas en cada capa .

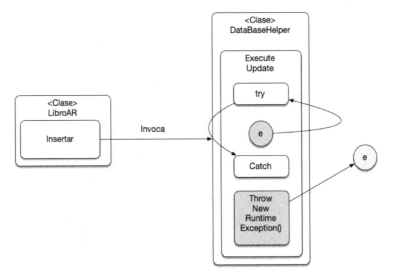

Vamos a ver el código que aborda este cambio a nivel de DataBaseHelper como vemos capturamos la excepción y la relanzamos como una nueva exception de RunTimeException.

Código 4.1: (DataBaseHelper.java)

```java
public static void executeUpdate(String sql, Object... parameters)  {
    Connection connection = null;
    PreparedStatement preparedStatement = null;
    try {
        //… …..resto de codigo

    } catch (SQLException | ClassNotFoundException e) {
        throw new RuntimeException(e);
    } finally {
        close(connection, preparedStatement, null);
    }
  }
}
```

Ya no hace falta un control tan a detalle de las excepciones a nivel de la clase LibroAR cuando se trata de inserciones.

Código 4.2: (LibroAR.java)

```java
public void insertar() {

String consultaInsercion =
 "INSERT INTO libros (isbn, titulo, categoria) VALUES (?, ?, ?)";
DatabaseHelper.executeUpdate(consultaInsercion, getIsbn(), getTitulo(), getCategoria());

}
```

No es tan sencillo construir el otro método que se encarga de seleccionar registros ya que maneja ResultSets y nos quedara la responsabilidad de cerrar recursos:

Código 4.3: (LibroAR.java)

```
public static List<LibroAR> buscarTodos() {

List<LibroAR> lista = new ArrayList<LibroAR>();
String consulta = "SELECT * FROM libros";
ResultSet resultSet = DatabaseHelper.executeQuery(consulta);
try {
        while (resultSet.next()) {

        lista.add(new LibroAR(resultSet.getString("isbn"),  resultSet.getString("titulo"),
        resultSet.getString("categoria")));

        }
} catch (SQLException e) {
throw new RuntimeException(e);
} finally {
        try {
        DatabaseHelper.close(resultSet.getStatement().getConnection(),
        resultSet.getStatement(), resultSet);
        } catch (SQLException e) {
                throw new RuntimeException(e);
        }
}

return lista;
}
```

A continuación se muestra un diagrama aclaratorio de como todos estos cambios trabajan unidos para conseguir que los mensajes de error lleguen al usuario. De una forma mas sencilla:

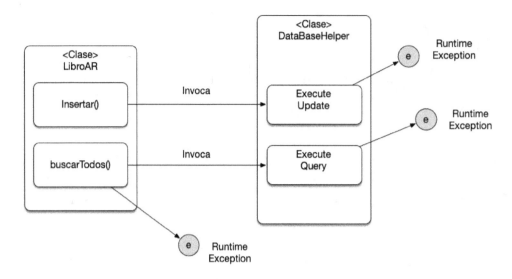

Excepciones y JSP

Es momento de ver como queda el fichero JSP de listalibros.jsp a la hora de manejar las excepciones.

Código 4.4: (listalibros.java)

```
<%
    try {

        List<LibroAR> listaLibros = LibroAR.buscarTodos();
        // Mostrar el listado de libros en una tabla
        out.println("<h2>Listado de Libros</h2>");
        out.println("<table border='1'>");
        out.println("<tr><th>ISBN</th><th>Título</th><th>Categoría</th></tr>");

        for (LibroAR libro: listaLibros) {

                out.println("<tr><td>" + libro.getIsbn()
                + "</td><td>" + libro.getTitulo() +
                "</td><td>" + libro.getCategoria() +
                "</td></tr>");

        }
        out.println("</table>");
        } catch (Exception e) {
            out.println("<p>Error al obtener el listado de libros.</p>");
            e.printStackTrace();
        }
    %>
```

Crear Pagina de Error

Si revisamos el estado de nuestras páginas JSP respecto a la captura de excepciones nos daremos cuenta que todas las paginas contienen el mismo bloque try/catch como se muestra en el siguiente diagrama.

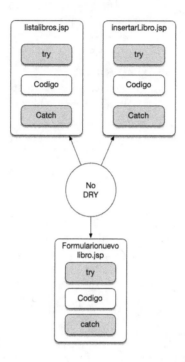

Este es otro caso típico de repetición de código en donde podemos hacer uso del principio DRY para extraer la responsabilidad de la gestión de errores de la página JSP y centralizarla en otra nueva página denominada página de error. La cual se encargara de gestionar los errores como se muestra en la siguiente imagen.

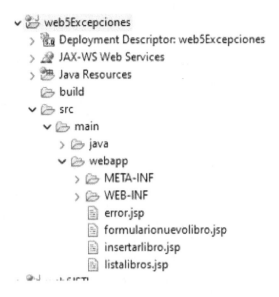

Vamos a ver a continuación el código fuente de esta página que tiene como peculiaridad que usa a nivel de directiva @page del atributo isErrorPage que la identifica como pagina de error.

Código 4.5: (Error.jsp)

```
<%@ page  isErrorPage="true"%>
<!DOCTYPE html PUBLIC "-//W3C//DTD HTML 4.01 Transitional//EN"
"http://www.w3.org/TR/html4/loose.dtd">
<html>
<head>
<meta http-equiv="Content-Type" content="text/html; charset=UTF-8">
<title>Insert title here</title>
</head>
<body>
Ha ocurrido un error en la aplicacion :<%=exception.getMessage()%>
Error Interno:<%=exception.getCause().getMessage()%>
</body>
</html>
```

Una vez creada la página JSP deberemos configurar nuestra aplicación web para que se apoye en esta nueva página de error. Para ello modificaremos el fichero web.xml.

Modificar fichero web.xml

El fichero web.xml es el fichero de configuración de toda aplicación web java y se encuentra ubicado en la carpeta WEB-INF .

A continuación se muestra el bloque de código que añadiremos al fichero para dar de alta correctamente la página de error en la aplicación.

Código 4.6: (web.xml)

```xml
<web-app>
 <error-page>
 <exception-type>java.lang.RuntimeException</exception-type>
 <location>/error.jsp</location>
 </error-page>
 ...............
</web-app>
```

Una vez realizada esta operación las paginas ya no contendrán bloques try/catch como se muestra en el siguiente bloque de código.

Código 4.7: (insertarlibro.jsp)

```jsp
<%
        String isbn = request.getParameter("isbn");
        String titulo = request.getParameter("titulo");
        String categoria = request.getParameter("categoria");
        LibroAR libro = new LibroAR(isbn, titulo, categoria);
        libro.insertar();
        response.sendRedirect("listalibros.jsp");
%>
```

Modificado el fichero web.xml y las páginas jsp todas delegan ahora en la página de error.jsp a la hora de gestionar los distintos errores como se muestra en la siguiente imagen cumpliendo con el principio DRY.

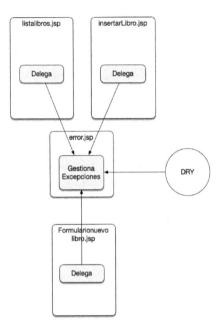

Resumen

En este capítulo nos hemos centrado en mejorar el manejo de excepciones de la aplicación, para lo cual hemos realizado bastantes cambios pero si tuvieramos que descatar alguno serian los siguientes.

1. Uso de excepciones de tipo RunTimeException para simplificar el flujo de excepciones de la aplicación.
2. Uso del principio DRY y construcción de una pagina de Error para centralizar la gestión de excepciones.

GSR Y JSTL

Vamos a seguir avanzando en el capitulo anterior hemos gestionado el manejo de excepciones a través del principio DRY simplificando las páginas que nosotros tenemos construidas. Es momento de aplicar otro principio GRP (Group Same Responsability). Este principio se centra en agrupar las funcionalidades comunes en el mismo sitio. Para verlo más claro vamos a usar Java Standard Tag Library como tecnología que nos ayude a simplificar la capa de presentación.

Objetivos

Aplicar el Principio GSR y usar JSTL como lenguaje de Etiquetas para separar con claridad las responsabilidades.

Tareas :

1. Instalar las librerías de JSTL
2. Modificar las vistas para usar JSTL
3. Usar el principio GSR para agrupar la misma responsabilidad

Instalación de Librerias JSTL

Esta tarea es relativamente sencilla ya que lo único que tenemos que hacer a nivel de código es añadir las librerías de JSTL. Que las podemos descargar desde Maven por ejemplo.

https://mvnrepository.com/artifact/jakarta.servlet.jsp.jstl/jakarta.servlet.jsp.jstl-api/3.0.0

https://mvnrepository.com/artifact/jakarta.servlet.jsp/jakarta.servlet.jsp-api/3.1.1

Una vez instaladas las librerías podemos hacer uso de ellas y cambiar mucho del código de ScriptLet que tenemos en las páginas JSP por etiquetas de servidor que son mucho más sencillas de mantener y comodas de usar necesitando un menor conocimiento del lenguaje Java a nivel de capa de presentación.

JSTL

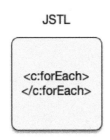

Para ellos vamos a ver el código de formularionuevolibro.jsp.

Código 5.1: (formularionuevolibro.jsp).

```jsp
<%@ page import="java.sql.*" %>
<%@ page import="com.arquitecturajava.helpers.LibroAR" %>
<%@ page import="java.util.List" %>
<%@ page contentType="text/html;charset=UTF-8" language="java" %>
<%@ taglib prefix="c" uri="http://java.sun.com/jsp/jstl/core" %>

<%
List<String> listaCategorias = LibroAR.buscarTodasLasCategorias();
request.setAttribute("listaCategorias", listaCategorias);
%>

<!DOCTYPE html>
<html lang="es">
<head>
  <meta charset="UTF-8">
  <meta name="viewport" content="width=device-width, initial-scale=1.0">
  <title>Formulario de Libro</title>
```

```
</head>
<body>

<h2>Formulario de Libro</h2>
<form method="post" action="insertarlibro.jsp">
   <label for="isbn">ISBN:</label>
   <input type="text" name="isbn" required><br/>

   <label for="titulo">Titulo:</label>
   <input type="text" name="titulo" required><br/>

   <label for="categoria">Categoria:</label>
   <select name='categoria'>
            <c:forEach var="categoria" items="${listaCategorias}">
                    <option value="${categoria}">${categoria}</option>
            </c:forEach>
      </select>

   <input type="submit" value="Guardar Libro">
</form>
</body>
</html>
```

En el código se puede apreciar como usamos las librerías de etiqueta de <c:forEach> para recorrer la lista de categorías. Esto simplifica al desarrollador la forma de trabajar ya que no necesita usar tecnología Java para imprimir la información le vale con usar unas librerías de etiquetas sencillas:

Código 5.2: (formularionuevolibro.jsp).

```
<select name='categoria'>
            <c:forEach var="categoria" items="${listaCategorias}">
                    <option value="${categoria}">${categoria}</option>
            </c:forEach>
      </select>
```

GSR Agrupar misma responsabilidad

En la página podemos observar como agrupamos las mismas responsabilidades. Una responsabilidad es cargar los datos y viene definido en el poco Scriptlet que queda :

Código 5.3: (formularionuevolibro.jsp).

```
<%
List<String> listaCategorias = LibroAR.buscarTodasLasCategorias();
request.setAttribute("listaCategorias", listaCategorias);
%>
```

La otra responsabilidad es imprimir la información que necesitamos en el formulario y es la que viene definida por JSTL e imprime el html completo.

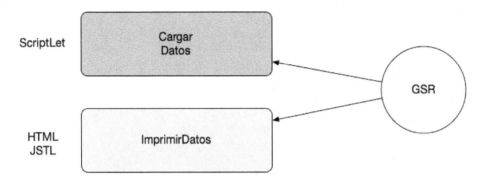

Es momento de ver como queda también el listado de libros usando este principio y apoyándonos en JSTL. Como podemos ver las responsabilidades quedan agrupadas de forma independiente y las personas que tienen que abordar la maquetación de los html les será más sencillo trabajar con ello.

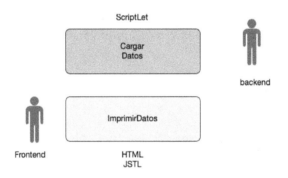

Vamos a ver como queda el código del listado.

Código 5.4: (formularionuevolibro.jsp).

```
<%@ page import="java.sql.*"%>
<%@ page import="com.arquitecturajava.helpers.LibroAR"%>
<%@ page import="java.util.List"%>
<%@ taglib prefix="c" uri="http://java.sun.com/jsp/jstl/core" %>
<%@ page contentType="text/html;charset=UTF-8" language="java"%>
<%List<String> listaCategorias = LibroAR.buscarTodasLasCategorias();
List<LibroAR> listaLibros = LibroAR.buscarTodos();
request.setAttribute("listaCategorias", listaCategorias);
request.setAttribute("listaLibros", listaLibros);%>
<html>
```

```
<head>
<meta charset="UTF-8">
<title>Listado de Libros</title>
</head>
<body>
        <select name='categoria'>
                <c:forEach var="categoria" items="${listaCategorias}">
                        <option value="${categoria}">${categoria}</option>
                </c:forEach>
        </select>
        <h2>Listado de Libros</h2>
        <table border='1'>
                <tr>
                        <th>ISBN</th>
                        <th>Título</th>
                        <th>Categoría</th>
                </tr>
                <c:forEach var="libro" items="${listaLibros}">
                        <tr>
                                <td>${libro.isbn}</td>
                                <td>${libro.titulo}</td>
                                <td>${libro.categoria}</td>
                        </tr>
                </c:forEach>
        </table>

        <a href="formularionuevolibro.jsp">Nuevo</a>
</body></html>
```

En este caso el código de Scriptlet es algo mayor y agrupa las funcionalidades de cargar datos en la pagina para mostrar tanto las categorías como la lista de libros.

Código 5.5: (formularionuevolibro.jsp).

```
<%
List<String> listaCategorias = LibroAR.buscarTodasLasCategorias();
List<LibroAR> listaLibros = LibroAR.buscarTodos();
request.setAttribute("listaCategorias", listaCategorias);
request.setAttribute("listaLibros", listaLibros);
%>
```

Resumen:

Es momento de seguir avanzando y ver otros principios una vez tenemos mejor maquetada la pagina. JSTL nos ha dejado muy claro que hay dos responsabilidades diferentes: Una es maquetar y otra es cargar información.

SRP y MVC

En los últimos capítulos hemos ido avanzando en la construcción de nuestra aplicación realizando diversos refactorings que nos han mejorado el diseño de esta .En estos momentos disponemos los siguientes componentes.

- **Paginas JSP :** Se encargan de crear la capa de presentación y cargar datos
- **Clases Java :**Se encargan de crear la capa de negocio y persistencia

El uso de los principios **DRY y GSR** nos han servido de guía en el diseño de nuestra aplicación. Aun así quedan muchas cosas por hacer y el principio **DRY y GSR** no podrán ayudarnos en todas ellas. Es momento seguir avanzando en el diseño de la aplicación y para ello vamos a introducir un nuevo principio el **principio SRP.**

SRP : Single Responsability Principle hace referencia a que toda clase o componente debe tener una única responsabilidad y todas sus funciones deben orientarse hacia esta. Otra forma de verlo es que una clase al tener una única responsabilidad solo un cambio en esta responsabilidad puede implicar un cambio en la clase.

Esta definición puede parecer confusa en un primer momento pero según vayamos avanzando en el capítulo el concepto se irá aclarando. A continuación se definen los objetivos y tareas del capítulo

Objetivos

>   Aplicar el principio SRP a nuestra aplicación

Tareas :

4. Responsabilidades de la aplicación y el principio SRP
5. Construcción de borrarlibro.jsp
6. Modificación de vistas
7. Construcción de un servlet controlador
8. Mapeo de Servlet
9. Servlet Controlador y funcionalidad
10. Inserción en modelo MVC

11. Borrar en el modelo MVC
12. Filtrar en el modelo MVC

Responsabilidades de la aplicación y el principio SRP

Si revisamos las responsabilidades nuestro código fuente podremos encontrarnos con lo siguiente.

1. **Paginas JSP (Capa Presentación) :** Responsabilidad presentar información al usuario
2. **Clases Java (Capa de Persistencia) :** Responsabilidad de persistir los datos en la base de datos.

Parece que nuestras clases cumplen con los requisitos del principio SRP ya que tienen asociada una única responsabilidad. Ahora bien si repasamos las distintas páginas JSP de nuestra aplicación podremos encontrarnos con que hemos agrupado la responsabilidad en dos partes

1. Cargar Datos
2. Presentar Datos

Es momento de añadir alguna página adicional como la de borrar que nos permita borrar datos de la aplicación pero también ver un poco mas a detalle las responsabilidades de que tenemos. El primer paso será crear el método borrar en LibroAR .

Código 6.1: (LibroAR.java).

```java
public void borrar() throws Exception {

        String consultaBorrado = "delete from libros where isbn = ?";
        DatabaseHelper.executeUpdate(consultaBorrado, getIsbn());
}
```

Junto con este método tendremos que crear un constructor en la clase LibroAR que nos permite crear el libro únicamente con el ISBN.

```java
public LibroAR(String isbn) {
                super();
                this.isbn = isbn;
}
```

Es momento de crear la pagina JSP de borrado que nos ayude a eliminar el libro de forma sencilla.

Código 6.2: (insertarlibro.jsp).

```
<%@ page import="com.arquitecturajava.helpers.LibroAR"%>
<%@ page contentType="text/html;charset=UTF-8" language="java"%>
<html>
<head>
<meta charset="UTF-8">
<title>Insertar Libro</title>
</head>
<body>

        <%
        String isbn = request.getParameter("isbn");
        LibroAR libroAR = new LibroAR(isbn);
        libroAR.borrar();
        response.sendRedirect("listalibros.jsp");
        %>

</body>
</html>
```

Ya solo los queda modificar listalibros.jsp para añadir un link a la pagina de borrado que permite de forma rápida borrar.

Código 6.3: (listalibros.jsp).

```
<c:forEach var="libro" items="${listaLibros}">
                <tr>
                <td>${libro.isbn}</td>
                <td>${libro.titulo}</td>
                <td>${libro.categoria}</td>
                <td><a href="borrarlibro.jsp?isbn=${libro.isbn}">borrar</a></td>
                </tr>
</c:forEach>
```

Es momento de mostrar el resultado en pantalla.

Listado de Libros

ISBN	Título	Categoría	
1	java	programacion	borrar
2	Net	programacion	borrar

Nuevo

Vamos ahora a revisar lo que hemos añadido en borrarlibro.jsp

Código 6.4: (borrarlibro.jsp).

```
<%@ page import="com.arquitecturajava.helpers.LibroAR"%>
<%@ page contentType="text/html;charset=UTF-8" language="java"%>
<html>
<head>
<meta charset="UTF-8">
<title>Insertar Libro</title>
</head>
<body>

        <%
        String isbn = request.getParameter("isbn");
        LibroAR libroAR = new LibroAR(isbn);
        libroAR.borrar();
        response.sendRedirect("listalibros.jsp");
        %>

</body>
</html>
```

En principio al ser una pagina JSP se debería encargar de presentar información al usuario. Sin embargo es evidente que esta pagina no incluye ni una sola etiqueta html relevante y no presenta ninguna información por lo tanto su responsabilidad no es presentar datos. Puede parecernos que se trata de una clase cuya responsabilidad es persistir datos. Sin embargo si revisamos el propio código de la pagina veremos como la pagina instancia un objeto de tipo LibroAR y es este el que se encarga de borrar el registro de la base de datos como se muestra a continuación.

Código 6.5 (BorrarLibro.jsp)

```
        LibroAR libroAR = new LibroAR(isbn);
        libroAR.borrar();
```

 Así pues ¿cual es realmente la responsabilidad de esta pagina? Puede parecer que no tiene responsabilidades, pero si así fuera podríamos eliminarla sin perjuicio para nuestra aplicación. Sin embargo es evidente que si eliminamos la página no podremos borrar los registros. Esto se debe a que la pagina si tiene una responsabilidad y esta responsabilidad es la de **control**. Es decir la responsabilidad que se encarga de definir que pagina se carga en cada momento así como que clase y que método se invoca para cargar los datos , como se muestra en el siguiente diagrama.

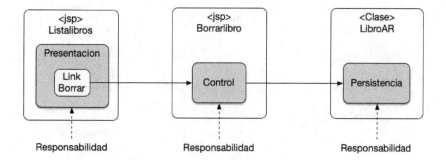

Así pues nos encontramos con una nueva responsabilidad dentro de nuestra aplicación **la responsabilidad de control.** Esta responsabilidad no es expresada únicamente por la pagina borrarlibro.jsp. Sino que prácticamente todas las paginas de nuestra aplicación la tienen de un modo u otro. Por ejemplo la página listalibros.jsp se encarga de controlar a que otras páginas navegamos. Así pues la responsabilidad de control se encuentra distribuida entre distintas paginas como se muestra la imagen.

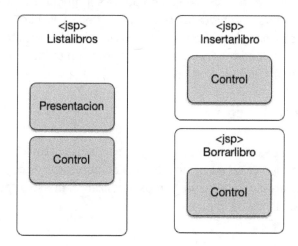

Ahora bien en el caso de la pagina listalibros.jsp nos encontramos ante un claro incumplimiento del principio SRP ya que la pagina en cuestión se hace cargo de dos responsabilidades claramente independientes la de control y la de presentación como se muestra a continuación.

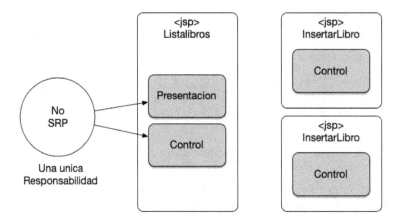

Para solventar este problema debemos extraer la responsabilidad de la pagina y ubicarlo en otro componente . Ahora bien no podrá ser ninguno de los componentes que actualmente tenemos definidos ya que estos ya tienen asociada una responsabilidad (las paginas la presentación y las clases la de persistencia). Para poder extraer esta responsabilidad tendremos que apoyarnos en un nuevo tipo de componente concretamente un **Servlet Clasico.**

Construir un servlet controlador

Un servlet es una clase Java que es capaz de generar código html como lo hace una pagina JSP pero también es capaz de gestionar la comunicación y control entre varias de estas páginas. Esta capacidad es la que vamos a utilizar en nuestro caso a la hora de reubicar la responsabilidad de control :

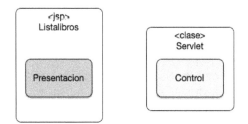

Ahora tenemos claro que el Servlet será el encargado de la responsabilidad de control y estaremos cumpliendo con el principio SRP en el cual cada componente solo tiene una única responsabilidad.

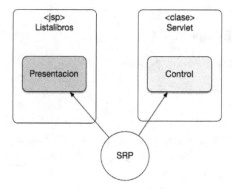

Vamos a pasar ya a construir el Servlet e implementar una primera versión de su método doGet() que será el encargado de la comunicación entre las distintas páginas

Código 6.7 (ServletLibroController.java)

```java
package com.arquitecturajava.controllers;

import java.io.IOException;
import java.util.List;

import com.arquitecturajava.helpers.LibroAR;

import jakarta.servlet.RequestDispatcher;
import jakarta.servlet.ServletException;
import jakarta.servlet.annotation.WebServlet;
import jakarta.servlet.http.HttpServlet;
import jakarta.servlet.http.HttpServletRequest;
import jakarta.servlet.http.HttpServletResponse;

@WebServlet("/controlador")
public class ServletLibroController extends HttpServlet {


protected void doGet(HttpServletRequest request, HttpServletResponse response)
                 throws ServletException, IOException {

RequestDispatcher despachador=null;

        try {
                if (request.getParameter("accion") == null) {

                List<String> listaCategorias = LibroAR.buscarTodasLasCategorias();
                List<LibroAR> listaLibros = LibroAR.buscarTodos();
                request.setAttribute("listaCategorias", listaCategorias);
                request.setAttribute("listaLibros", listaLibros);
                despachador = request.getRequestDispatcher("listalibros.jsp");
                despachador.forward(request, response);

                }
```

```
            } catch (Exception e) {

                    e.printStackTrace();
            }

        }

protected void doPost(HttpServletRequest request, HttpServletResponse response)
                  throws ServletException, IOException {

            doGet(request, response);
        }

}
```

Mapeo de Servlet

Una vez creado el servlet queda ccompletamente configurado y podemos acceder a el desde la siguiente url /controlador ya que esta definida en la anotación @WebServlet(/controlador) en la cabecera de la clase.

4. Servlet Controlador y funcionalidad

Realizadas estas dos operaciones (construcción y mapeo). Es momento de explicar cada una de las líneas que este Servlet contiene las cuales se encargan de la funcionalidad de control vamos a comenzar con las dos primeras.

Código 6.8 (ServletLibroController.java)

```
List<String> listaCategorias = LibroAR.buscarTodasLasCategorias();
List<LibroAR> listaLibros = LibroAR.buscarTodos();
```

Estas líneas delegan en la capa de persistencia y cargan la información que la pagina listalibros.jsp necesita en dos variables listaLibros y listaCategorias definiendo parte de la responsabilidad de control. Vamos a analizar las siguientes.

Código 6.9 (ServletLibroController.java)

```
request.setAttribute("listaCategorias", listaCategorias);
request.setAttribute("listaLibros", listaLibros);
```

Estas líneas se encargan de almacenar ambas listas en el objeto request que es accesible tanto por el servlet controlador como por las paginas JSP y hace una función de intermediario como se muestra en la siguiente figura.

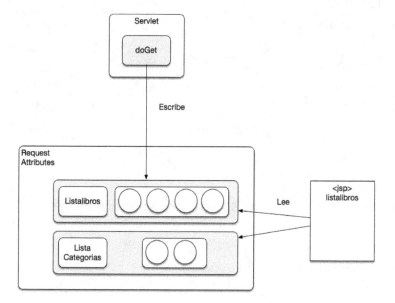

Ahora el objeto de request incluye ambas listas usaremos el ultimo bloque de código para redirigir la petición hacia la pagina listalibros.jsp.

Código 6.10 (ServletLibroController.java)

```
despachador = request.getRequestDispatcher("listalibros.jsp");
despachador.forward(request, response);
```

Realizado este ultimo paso , las paginas jsp no necesitan ya usar para nada la capa de persistencia y pueden obtener la información que necesitan mostrar del propio objeto request que sirve de intermediario quedando mas claras como se puede ver en el código de listalibros.jsp.

Código 6.11 (listalibros.jsp)

```
<%@ taglib prefix="c" uri="http://java.sun.com/jsp/jstl/core"%>
<%@ page contentType="text/html;charset=UTF-8" language="java"%>
<html>
<head>
<meta charset="UTF-8">
<title>Listado de Libros</title>
</head>
<body>
<select name='categoria'>
        <c:forEach var="categoria" items="${listaCategorias}">
        <option value="${categoria}">${categoria}</option>
        </c:forEach>
</select>
```

```
<h2>Listado de Libros</h2>
<table border='1'>
<tr>
        <th>ISBN</th>
        <th>Título</th>
        <th>Categoría</th>
</tr>
<c:forEach var="libro" items="${listaLibros}">
<tr>
<td>${libro.isbn}</td>
        <td>${libro.titulo}</td>
        <td>${libro.categoria}</td>
        <td><a href="?accion=borrar&isbn=${libro.isbn}">borrar</a></td>
</tr>
</c:forEach>
</table>
<a href="?accion=formularionuevolibro">Nuevo</a>
</body>
</html>
```

Una vez realizados estos refactorings hemos añadido un nuevo componente a nuestra aplicación que se encarga del control de ella . A continuación se muestra un diagrama con la nueva arquitectura de la aplicación y las distintas responsabilidades

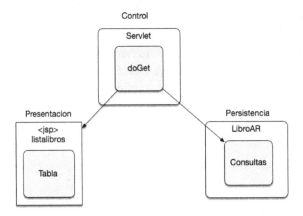

Hemos usado el principio SRP para asignar las responsabilidades en la aplicación y de una manera indirecta hemos creado una arquitectura que cumple con el patrón MVC (Model ,View Controller) en este caso las páginas cumplen con la responsabilidad de View , el controlador con la responsabilidad de Control y la clase LibroAR con la responsabilidad de Persistencia .Vamos a seguir avanzando en la construcción de un Modelo MVC para nuestra aplicación.

Inserción con modelo MVC

En esta tarea vamos a modificar la aplicación para que tanto la parte de mostrar como la de insertar estén construidas sobre un modelo MVC. Para pasaremos diferentes parámetros a la acción que es el parámetro que definirá en el controlador la vista a cargar.

- accion=insertarlibro
- accion=formulariolibro
- acción=borrarlibro

Dependiendo de la URL que se solicite al Controlador por ejemplo :

Controlador?accion=insertarlibro

El controlador realizara una operación u otra. Para clarificar el funcionamiento del controlador vamos a mostrar un diagrama con el flujo de trabajo cuando el usuario pulsa el botón de insertar en la pagina listalibros.jsp

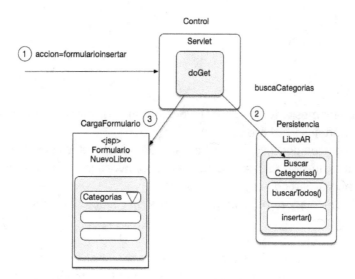

Vamos a comentar el diagrama paso por paso para clarificar del todo cual es la lógica que define la funcionalidad de mostrar y insertar libros.

1. Pulsamos en el botón de insertar libro y solicitamos la siguiente acción al controlador accion=formularioinsertar
2. El controlador invoca a la clase LibroAR y carga la lista de categorías
3. El controlador nos redirige a la pagina formularionuevolibro.jsp y muestra la lista de categorías cargada.

Vamos a ver la segunda parte del flujo una vez ya estamos en el formularionuevolibro.jsp

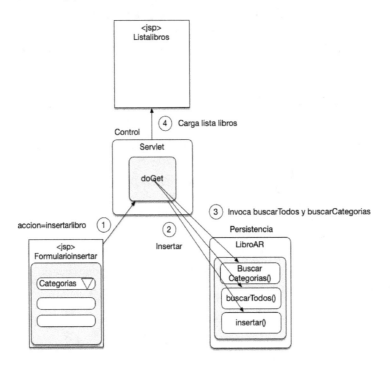

1. Rellenamos el formulario e invocamos al controlador pasando como acción=insertarlibro
2. El controlador invoca la la clase LibroAR e inserta los datos en la base de datos una vez realizada esta operación invoca los métodos de buscarTodos y buscarCategorias para refrescar.
3. El controlador nos redirige listalibros.jsp con los datos que acabamos de cargar

Una vez que tenemos claro cuales son las distintas peticiones que realizaremos en esta tarea al servlet Controlador vamos a ver el código fuente del método doGet() modificado para incluir las distintas opciones.

Código 6.12 (ServletLibroController.java)

```
RequestDispatcher despachador=null;

try {
        if (request.getParameter("accion") == null) {

        List<String> listaCategorias = LibroAR.buscarTodasLasCategorias();
        List<LibroAR> listaLibros = LibroAR.buscarTodos();
```

```
        request.setAttribute("listaCategorias", listaCategorias);
        request.setAttribute("listaLibros", listaLibros);
        despachador = request.getRequestDispatcher("listalibros.jsp");
        despachador.forward(request, response);

} else if (request.getParameter("accion").equals("formularionuevolibro")) {

        List<String> listaCategorias = LibroAR.buscarTodasLasCategorias();
request.setAttribute("listaCategorias", listaCategorias);
        despachador = request.getRequestDispatcher("formularionuevolibro.jsp");
        despachador.forward(request, response);
}
else if (request.getParameter("accion").equals("insertarlibro")) {

        String isbn = request.getParameter("isbn");
        String titulo = request.getParameter("titulo");
        String categoria = request.getParameter("categoria");
        LibroAR libroAR = new LibroAR(isbn, titulo, categoria);
        libroAR.insertar();
        List<String> listaCategorias = LibroAR.buscarTodasLasCategorias();
        List<LibroAR> listaLibros = LibroAR.buscarTodos();
        request.setAttribute("listaCategorias", listaCategorias);
        request.setAttribute("listaLibros", listaLibros);
        despachador = request.getRequestDispatcher("listalibros.jsp");
        despachador.forward(request, response);
}

} catch (Exception e) {
        // TODO Auto-generated catch block
        e.printStackTrace();
}
```

Hemos modificado el Servlet, podremos darnos cuenta de que toda la funcionalidad que se encontraba ubicada en la pagina insertarlibro.jsp se ha reubicado a nivel del Servlet y la pagina ya no es necesaria por lo tanto la pagina podrá ser eliminada como muestra la imagen.

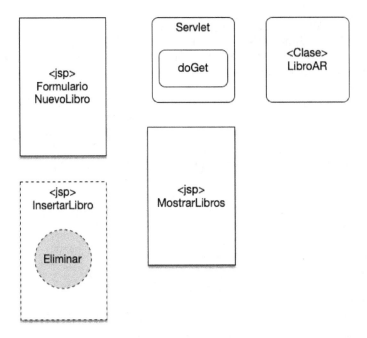

Vamos a pasar a la siguiente tarea que se encarga de utilizar el modelo MVC para gestionar la funcionalidad de borrado

Borrar en modelo MVC

Es el momento de seguir avanzando y aplicar el modelo MVC a la funcionalidad de borrar. Para ello añadiremos una nueva acción a nuestro modelo

- accion-borrarlibro

El código que se encargara de gestionar la petición de esta url es el siguiente

Código 6.11 (ServletLibroController.java)

```
else if (request.getParameter("accion").equals("borrarlibro")) {

        String isbn = request.getParameter("isbn");
        LibroAR libroAR = new LibroAR(isbn);
        libroAR.borrar();
        listaLibros(request, response);
}
```

Para que el código funcione correctamente deberemos modificar el enlace de la pagina listalibros.jsp.

Código 6.12 (ServletLibroController.java)

```
<td><a href="?accion=borrarlibro&isbn=${libro.isbn}">borrar</a></td>
```

Una vez realizada esta operación y modificado el servlet el comportamiento de la aplicación se muestra en el diagrama.

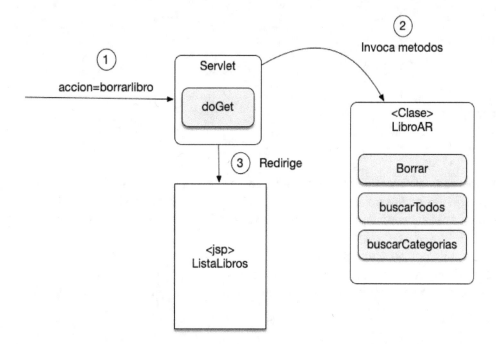

A continuación se explica a detalle cada una de las peticiones

1. Pulsamos en el botón de borrar a nivel de uno de los registros e invocamos al controlador con accion=borrarlibro
2. El controlador invoca a la clase LibroAR a su método borrar y borra el registro. Hecho esto invoca buscarTodos y buscarCategorias para cargar los datos necesarios.
3. El controlador nos redirige a la pagina listalibros.jsp
4.

Completada la tarea de borrar a través del modelo MVC nos daremos cuenta que la pagina borrarlibro.jsp ya no es necesaria como muestra la siguiente imagen

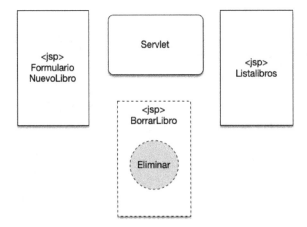

Resumen

Una vez finalizado el controlador hemos reubicado las responsabilidades de nuestra aplicación organizandolas de acuerdo al principio SRP. Como resultado hemos podido separar mejor cada una de las capas y eliminar parte de los ficheros JSP que teníamos.

Por ultimo queda por ver como ha quedado la estructura física de fichero una vez completada la migración a un modelo MVC podemos ver como hemos reducido fuertemente el número de páginas y añadido un controlador como se muestra en la imagen.

ISP y Repositories

En el capitulo anterior hemos modificado la aplicación para construir un modelo MVC basándonos en el principio SRP. Vamos a seguir avanzando en la aplicación y usar el principio ISP (Interface Segretation Principle) y lo vamos a aplicar a la clase LibroAR .

Objetivos
- Aplicar el principio SRP a la clase LibroAR

Tareas
1. Extraer la funcionalidad de Persistencia de LibroAR
2. Cumplir con el principio ISP
3. Construir la clase LibroRepository

El principio ISP

Para cumplir con el principio ISP a nivel de la clase LibroAR tenemos que darnos cuenta que esta clase contiene dos responsabilidades principales. Por un lado gestiona los temas de negocio (propiedades) y por otro lado gestiona los temas de persistencia. Si que es cierto que la responsabilidad de negocio es mínima ya que son solo propiedades.

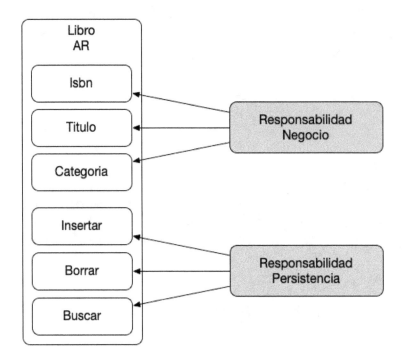

Las propiedades de la clase y los métodos set y get hacen referencia al negocio mientras que los métodos de insertar buscar y borrar hacen referencia a la persistencia. Podriamos decir que no cumplimos con el principio SRP . Pero hay otro principio que encaja de forma mucho mas natural en este caso y es el principio ISP.

ISP : Un programa que usa una clase solo debe conocer aquellos métodos que vaya a usar y no depender de métodos que jamás utilizará. Esta definición nos puede parecer un poco extraña pero si miramos a la pagina JSP de listalibros nos daremos cuenta que cuando recorremos el listado solo dependemos de las propiedades.

Código 7.1 (listalibros.jsp)

```
<tr>
<td>${libro.isbn}</td>
        <td>${libro.titulo}</td>
        <td>${libro.categoria}</td>
        <td><a href="?accion=borrar&isbn=${libro.isbn}">borrar</a></td>
</tr>
```

Jamas accedemos ni accederemos a métodos de persistencia como insertar o borrar . ¿Por lo tanto cumple la clase LibroAR con el principio ISP? . La respuesta es no y aunque las responsabilidades no nos parezcan tan importantes como para ser separadas este principio nos orienta hacia ello.

El patron Repository

Es momento de dividir esta responsabilidad en dos una será la encargada de la gestión del negocio y la otra de la persistencia apareciendo dos clases, la clase Libro y la clase LibroRepository. A la clase que gestiona la persistencia la denominaremos LibroRepository.

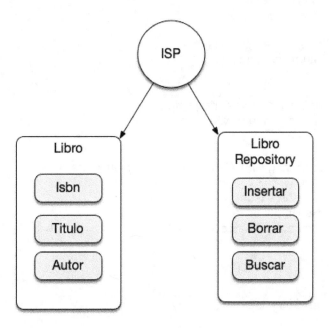

Es momento de mostrar el código de ambas clases y ver como quedan las responsabilidades asignadas.

Código 7.2 (Libro.java)

```java
package com.arquitecturajava.helpers;

public class Libro {

        private String isbn;
        private String titulo;
        private String categoria;

        public String getIsbn() {
                return isbn;
```

```
        }

        public void setIsbn(String isbn) {
                this.isbn = isbn;
        }

        public String getTitulo() {
                return titulo;
        }

        public void setTitulo(String titulo) {
                this.titulo = titulo;
        }

        public String getCategoria() {
                return categoria;
        }

        public void setCategoria(String categoria) {
                this.categoria = categoria;
        }

        public Libro(String isbn, String titulo, String categoria) {
                super();
                this.isbn = isbn;
                this.titulo = titulo;
                this.categoria = categoria;
        }



        public Libro(String isbn) {
                super();
                this.isbn = isbn;
        }

}
```

Vamos a ver ahora la otra clase la clase LibroRepository :
Código 7.3 (Libro.java)

```
import java.sql.ResultSet;
import java.util.ArrayList;
import java.util.List;
public class LibroRepository {
public  List<String> buscarTodasLasCategorias() throws Exception {

        List<String> lista = new ArrayList<String>();
        String consultaCategoria = "SELECT distinct(categoria) FROM libros";
        ResultSet resultSet = DatabaseHelper.executeQuery(consultaCategoria);
        while (resultSet.next()) {
```

```
                    lista.add(resultSet.getString("categoria"));

        }
        DatabaseHelper.close(resultSet.getStatement().getConnection(),   r
        resultSet.getStatement(), resultSet);
        return lista;

}

public void insertar(Libro libro) throws Exception {

        String consultaInsercion = "INSERT INTO libros (isbn, titulo, categoria)
         VALUES (?, ?, ?)";
        DatabaseHelper.executeUpdate(consultaInsercion, libro.getIsbn(), l
        ibro.getTitulo(), libro.getCategoria());

}

public  List<Libro> buscarTodos() throws Exception {

        List<Libro> lista = new ArrayList<Libro>();
        String consulta = "SELECT * FROM libros";
        ResultSet resultSet = DatabaseHelper.executeQuery(consulta);
        while (resultSet.next()) {

        lista.add(new Libro(resultSet.getString("isbn")
        , resultSet.getString("titulo"),resultSet.getString("categoria")));

        }
        DatabaseHelper.close(resultSet.getStatement().getConnection(),
resultSet.getStatement(), resultSet);
        return lista;

}
public  List<Libro> buscarTodosPorCategoria(String categoria) throws Exception {

        List<Libro> lista = new ArrayList<Libro>();
        String consulta = "SELECT * FROM libros where categoria=?";
        ResultSet resultSet = DatabaseHelper.executeQuery(consulta,categoria);
        while (resultSet.next()) {

        lista.add(new Libro(resultSet.getString("isbn")
, resultSet.getString("titulo"),
        resultSet.getString("categoria")));

}
        DatabaseHelper.close(resultSet.getStatement().getConnection(),
resultSet.getStatement(), resultSet);
        return lista;
}
public void borrar(String isbn) throws Exception {
```

```
        String consultaInsercion = "delete from libros where isbn= ?";
        DatabaseHelper.executeUpdate(consultaInsercion,isbn);
}
}
```

Acabamos de ver como quedan divididas las responsabilidades a nivel de las clases y como cumplimos con el principio ISP. Es momento de ver como quedan las acciones cuando tienen que lidiar con dos clases Libro y LibroRepository . Veamos la acción de insertar en el ServletLibroController.

Código 7.3 (ServletLibroController.java)

```
LibroRepository repositorio=new LibroRepository();
... resto de codigo

else if (request.getParameter("accion").equals("insertarlibro")) {

        String isbn = request.getParameter("isbn");
        String titulo = request.getParameter("titulo");
        String categoria = request.getParameter("categoria");
        Libro libro = new Libro(isbn, titulo, categoria);
        repositorio.insertar(libro);
        listaLibros(request, response);
}
```

En esta clase podemos observar como usamos LibroRepository y Libro para insertar un nuevo Libro y ya no LibroAR.

Código 7.4 (ServletLibroController.java)

```
Libro libro = new Libro(isbn, titulo, categoria);
repositorio.insertar(libro);
```

Tambien vemos como usamos LibroRepository para seleccionar un conjunto de Libros.

Código 7.5 (ServletLibroController.java)

```
List<Libro> listaLibros = repositorio.buscarTodos();
```

Resumen:

Estamos cumpliendo con el principio ISP a nivel de las clases construidas y tenemos correctamente separadas las diferentes responsabilidades. El modelo va evolucionando y empieza a tener una forma mas cercana a una aplicación real.

El principio OCP y MVC 2

En los dos capítulos anteriores hemos modificado nuestra aplicación para que usando el principio SRP y el ISP la división de responsabilidades sea mas natural y use JSTL como tecnología de capa de presentación y repositorios de persistencia. En este capítulo introduciremos otro principio importante **el principio OCP** o principio de apertura y cierre a continuación se muestra su definición.

OCP (Open Closed Principle): El principio OCP o principio de apertura y cierre, define que todo código desarrollado para una aplicación debe estar cerrado a las modificaciones y abierto a la extensibilidad. Dicho de otra manera debemos poder añadir nueva funcionalidad a la aplicación sin tener que alterar el código ya construido. A continuación nos encargaremos de aplicar este principio en nuestra aplicación.

Objetivos
- Aplicar el principio OCP a nuestra aplicación

Tareas
1. El principio OCP y el Controlador
2. El principio OCP y el patron Command
3. Creación de una accion principal
4. Crear una jerarquia de acciones

El principio OCP y el Controlador

En estos momentos tenemos construida una aplicación sobre el modelo MVC y su diseño es bastante sólido. Después de leer la definición del principio OCP nos podemos percatar de que cada vez que añadimos una mínima funcionalidad nueva a nuestra aplicación estamos obligados a modificar el Servlet controlador de esta y añadir una o varias sentencias if –else if que implementen la nueva funcionalidad como muestra la siguiente imagen.

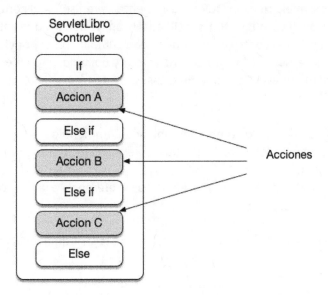

Así pues parece claro que el controlador es un elemento que no esta para nada cerrado a las modificaciones sino mas bien al contrario cualquier modificación por pequeña que sea de la aplicación afecta directamente al controlador y clarifica que no cumple con el principio OCP como se muestra en la siguiente imagen.

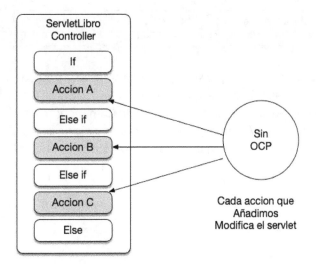

El principio OCP y el patrón Command

Vamos a apoyarnos en el principio OCP para comenzar a rediseñar el controlador de tal forma que podamos añadir nueva funcionalidad a la aplicación sin que este se vea afectado. Para rediseñar el controlador y que pueda cumplir con el principio OCP vamos extraer el concepto de **Acción/Tarea** del controlador y ubicarlo en una jerarquía de clases completamente nueva .Cada una de estas clases tendrá las siguientes características

1. Heredarán de una clase común denominada Command o Accion.
2. Todos dispondrán del método ejecutar en el cual ejecutaran la funcionalidad a ellas asignada.
3. Tendrán como nombre un nombre que haga referencia a la funcionalidad que se encargan de ejecutar.

A continuación se muestra la imagen con una parte de la jerarquía de las acciones.

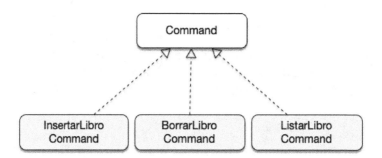

En principio nos puede parecer que se trata de un sencillo grupo de clases que extienden de un interface sin embargo la jerarquía de acciones se construirá apoyándonos en un patrón de diseño denominado Comando(Command). Este patrón obliga a que cada clase define un método denominado ejecutar en el cuál ubicaremos la funcionalidad que deseamos ejecutar como se muestra a continuación.

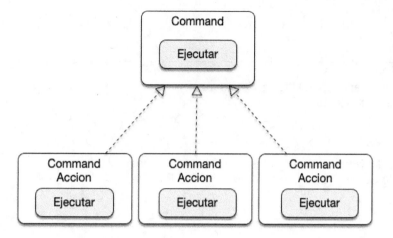

Definida la jerarquia de clases podremos extraer la funcionalidad que se encuentra ubicada en el controlador y reubicarla en el metodo ejecutar de cada una de las clases como se muestra a continuación.

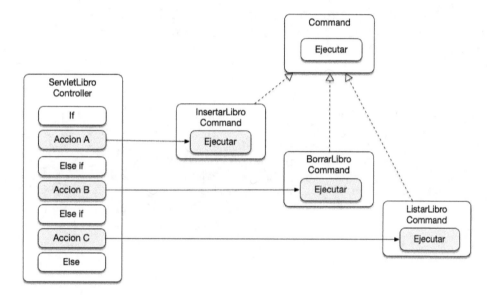

Creación de una acción principal

Definido el nuevo funcionamiento del controlador vamos a ver el código fuente de la clase o interface Command.

Código 8.1: (Command.java)

```java
import jakarta.servlet.http.HttpServletRequest;
import jakarta.servlet.http.HttpServletResponse;

public interface Command {

        public void execute (HttpServletRequest request,
        HttpServletResponse response) throws Exception;
}
```

Creada este interface podemos ver cómo el método ejecutar recibe dos parámetros.
* HttpServletRequest
* HttpServletResponse

Que son los mismos parámetros que utilizamos a nivel del Servlet. De esta forma nuestro Servlet Controlador podrá delegar en el conjunto de acciones que vemos a continuación.

Crear jerarquía de acciones

A partir de ahora usaremos Acciones para implementar la funcionalidad de cada una de las tareas vamos a ver el código fuente de una acción en concreto que nos ayude a entender que parte de la funcionalidad existente cubren las acciones y que otra funcionalidad cubre el controlador. A continuación se muestra el código fuente de la Accion InsertarLibro.

Código 9.2: (InsertarLibroCommand.java)

```java
import com.arquitecturajava.helpers.Libro;
import com.arquitecturajava.helpers.LibroRepository;

import jakarta.servlet.RequestDispatcher;
import jakarta.servlet.http.HttpServletRequest;
import jakarta.servlet.http.HttpServletResponse;

public class InsertarLibroCommand implements Command{

@Override
public void execute(HttpServletRequest request, HttpServletResponse response) throws
Exception {

        LibroRepository repositorio=new LibroRepository();

        String isbn = request.getParameter("isbn");
        String titulo = request.getParameter("titulo");
        String categoria = request.getParameter("categoria");

        Libro libro = new Libro(isbn, titulo, categoria);
        repositorio.insertar(libro);

        List<String> listaCategorias = repositorio.buscarTodasLasCategorias();
        List<Libro> listaLibros = repositorio.buscarTodos();

        request.setAttribute("listaCategorias", listaCategorias);
        request.setAttribute("listaLibros", listaLibros);
        RequestDispatcher despachador =
        request.getRequestDispatcher("listalibros.jsp");
        despachador.forward(request, response);

}

}
```

Tendremos que hacer esto con cada una de las acciones . Pero al hacerlo el ServletControlador quedará muy simplificado.

Código 9.3: (ServletLibroController.java)

```java
protected void doGet(HttpServletRequest request, HttpServletResponse response)
                    throws ServletException, IOException {
Command comando = null;

try {
        if (request.getParameter("accion") == null) {

        comando= new ListaLibrosCommand();
        } else if (request.getParameter("accion").equals("filtrocategorialibro")) {
                comando= new FiltroLibroCategoriaCommand();
        } else if (request.getParameter("accion").equals("formularionuevolibro")) {
        comando= new FormularioNuevoLibroCommand();
        } else if (request.getParameter("accion").equals("insertarlibro")) {
                comando= new InsertarLibroCommand();
        } else if (request.getParameter("accion").equals("borrar")) {
                comando= new BorrarLibroCommand();
        }
                comando.execute(request, response);
        } catch (Exception e) {
                        // TODO Auto-generated catch block
        throw new RuntimeException(e);
        }
}
```

Con este refactoring hemos mejorado bastante nuestra aplicación y aunque cada vez que añadimos una nueva funcionalidad debemos modificar el controlador, la mayor parte del nuevo código se encuentra en cada una de las acciones.

Router

El siguiente paso a realizar será extraer el propio bloque if else del controlador y ubicarlo en una nueva clase que se denomine Router y se encargue de almacenar todas las operaciones de navegación. Estas clases son muy habituales en frameworks como Angular o React y se las denomina Routers. La creación de esta clase nos ayudará a cumplir con el principio OCP.

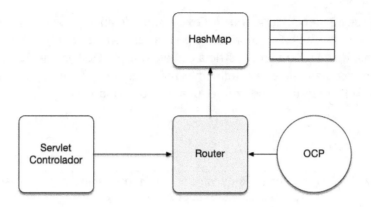

Código 9.4: (Router.java)

```
package com.arquitecturajava.controllers.commands;

import java.util.HashMap;
import java.util.Map;

public class Router {

private static Map<String,Command> mapa= new HashMap<String,Command>();
static {
        mapa.put("listalibro", new ListaLibrosCommand());
        mapa.put("formularionuevolibro", new FormularioNuevoLibroCommand());
        mapa.put("insertarlibro", new InsertarLibroCommand());
        mapa.put("borrarlibro", new BorrarLibroCommand());
        mapa.put("filtrocategorialibro", new FiltroLibroCategoriaCommand());

}

public static Command getCommand(String nombreComando) {

        if (nombreComando==null) {

                return mapa.get("listalibro");
        }else {

                return mapa.get(nombreComando);
        }
}
}
```

Cada vez que se añaden acciones nuevas es cuestión de añadir nuevos elementos al mapa . En este caso esta en memoria pero podría ser perfectamente en un fichero de texto y cumplir de una forma mas estricta con el principio OCP ya que no modificaríamos código sino que añadiríamos más acciones al fichero. Vamos a ver como queda el controlador y su método doGet una vez construido el router.

Código 9. 5: (Router.java)

```java
protected void doGet(HttpServletRequest request, HttpServletResponse response)
                    throws ServletException, IOException {

try {

        Router.getCommand(request.getParameter("accion"))
        .execute(request, response);

} catch (

Exception e) {

        throw new RuntimeException(e);
}

}
```

Como podemos ver el controlador prácticamente delega en el Router que se encarga de hacerlo todo.

Resumen

Hemos terminado de modificar nuestra aplicación que ahora se apoya en el principio OCP para ir añadiendo nueva funcionalidad sin afectar a la anteriormente construida. Este diseño es muy habitual a día de hoy en frameworks web del tipo que sea desde temas como JSF con managed beans a temas como Angular o React con su Router.

Maven y COC

Hemos trabajado hasta ahora con una aplicación plana con una configuración muy a nuestro aire. Sin embargo las aplicaciones normales no funcionan así sino que vienen preconfiguradas con Maven o Gradle . Maven es una herramienta que aplica otro principio el principio COC (Convencion sobre Configuracion) .

Este principio nos dice que es mejor aplicar convenciones por defecto que configuraciones a medida a nuestro. Todo aquello que venga "pre" definido por una convención se asume y punto. Nos puede parecer un poco extraño pero sucede en muchas cosas. Por ejemplo en informática todas las aplicaciones tienen el menú en la parte superior (es una convención , se aplica no tenemos que pensar nada). Otra convención sería la posición de las teclas de un ordenador esta estandarizado todos traen la misma. Una vez que apliquemos una convención su peso es grande.

Maven usa este principio para la definición de carpetas y la definición de dependencias de librerías (definición de estructura). Por lo tanto en este capitulo tenemos que introducir brevemente el principio de COC aplicado a nuestro proyecto para migrarlo a Maven . Para ello en Eclipse solicitaremos crear un nuevo proyecto de Maven

Este menú nos mostrará una ventana en la cual marcaremos Create Simple Artifact.

Esto nos mostrara una nueva ventana en la que tendremos que construir un proyecto con un group id y artifact id. Que son los datos que un proyecto de Maven necesita por defecto.

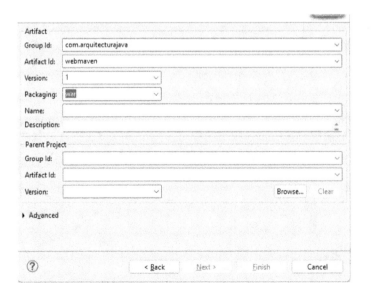

El group id hace referencia al dominio de tu empresa y el artifact id al nombre del proyecto que quieres construir en este caso webmaven. Una vez finalizadas estas acciones ya tenemos un proyecto Maven en donde tendremos que copiar nuestras clases a las carpetas adecuadas que vienen pre configuradas.

Maven y COC

Maven dispone de una carpeta por convención que se denomina src/main/java en donde se ubican todos los ficheros de código fuente (.java). Junto con esa carpeta tenemos la carpeta de src/test/java en donde se ubican las pruebas unitarias. Ambas carpetas son por convención:

- src/main/java
- src/test/java

Junto con estas carpetas tenemos el fichero pom.xml que define las dependencias de librerías que el proyecto necesita y también sigue una convención con un conjunto de etiquetas predefinido. Vamos a ver su contenido

Código 10. 1: (pom.xml)

```xml
<project xmlns="http://maven.apache.org/POM/4.0.0"
        xmlns:xsi="http://www.w3.org/2001/XMLSchema-instance"
        xsi:schemaLocation="http://maven.apache.org/POM/4.0.0
https://maven.apache.org/xsd/maven-4.0.0.xsd">
        <modelVersion>4.0.0</modelVersion>
        <groupId>com.arquitecturajava</groupId>
        <artifactId>webmaven</artifactId>
        <version>1</version>
        <properties>
                <maven.compiler.target>17</maven.compiler.target>
                <maven.compiler.source>17</maven.compiler.source>
        </properties>
        <packaging>war</packaging>
        <dependencies>
                <dependency>
                        <groupId>jakarta.servlet</groupId>
                        <artifactId>jakarta.servlet-api</artifactId>
                        <version>6.0.0</version>
                        <scope>provided</scope>
                </dependency>
                <dependency>
                        <groupId>jakarta.servlet.jsp.jstl</groupId>
                        <artifactId>jakarta.servlet.jsp.jstl-api</artifactId>
                        <version>3.0.0</version>
                </dependency>
                <dependency>
                        <groupId>org.glassfish.web</groupId>
                        <artifactId>jakarta.servlet.jsp.jstl</artifactId>
                        <version>3.0.1</version>
                </dependency>
        <dependency>
                        <groupId>com.mysql</groupId>
                        <artifactId>mysql-connector-j</artifactId>
                        <version>8.3.0</version>
                </dependency>
        </dependencies>
</project>
```

Como vemos las dependencias se definen en él y no necesitamos mucho más . El proyecto ha quedado configurado para Maven que es la herramienta de construcción de proyectos Java Standard , aportando una Convención sobre Configuración general para todo lo que construyamos .

Resumen

A partir de ahora el resto de evoluciones del proyecto se harán sobre Maven.

JPA

En el capítulo anterior hemos usado Maven para convertir nuestro proyecto sencillo y sin convenciones a   un proyecto mas organizado con dependencias y estructura de carpetas standard con pom.xml. A partir de este capítulo comienza la segunda parte del libro orientada a la utilización de distintos frameworks y Standares Java EE que nos serán útiles para acelerar el desarrollo. Ën este capítulo introduciremos JPA (Java Persistence API) como especificación e Hibernate como framework de persistencia que la implementa y substituiremos la capa de persistencia actual (DataBaseHelper.java) por JPA para convertir el proyecto en algo más profesional. A continuación detallamos los objetivos y tareas a llevar a cabo.

Objetivos :

- Introducción a JPA
- Utilizar JPA en nuestra aplicación

Tareas :

1. Concepto de Framework de persistencia.
2. Instalación de JPA.
3. Introducción a JPA
4. Configuración de JPA
5. Insertar objetos en la base de datos con JPA.
6. Selección de objetos de la base de datos con JPA.
7. Borrar objetos de la base de datos con JPA.
8. Seleccionar un objeto de la base de datos JPA
9. Filtrar objetos de la base de datos con Hibernate

Introducion al concepto de framework de persistencia

Hasta este momento hemos usado la clase LibroRepository para que se encargara de las operaciones ligadas con la base de datos como se muestra en la siguiente imagen.

Sin embargo la clase aunque funcional tiene algunas limitaciones como se enumeran a continuación ligadas al uso del DataBaseHelper.

- Es un código orientado a SQL sencillo.
- El nivel de reutilización es limitado
- No soporta transacciones compartidas
- No opera contra varios motores de bases de datos
- Los mapeos son rigidos
- Es engorrosa
- La hemos hecho nosotros

Podríamos continuar con la lista de limitaciones pero parece claro que si queremos construir una solución enterprise la clase que hemos construido de DataBaseHelper no es el mejor camino, es a lo sumo un punto de partida a nivel de patronaje.

Nos ha sido útil hasta el momento y ha ayudado a ir asentando conceptos pero debemos abandonarla. Así pues si queremos evolucionar nuestra solución a algo mas serio deberemos apoyarnos en un framework de persistencia y en una especificación (JPA) que elimine las limitaciones que muestra clase actual tiene y aporte características adicionales como se muestra en la siguiente figura

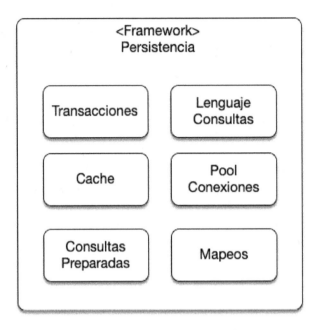

En nuestro caso utilizaremos JPA como especificación e Hibernate como Framework ya que es el Framework de persistencia mas conocido por la comunidad e implementa la especificación .

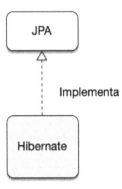

La siguiente tarea abordara su instalacion

Instalación de JPA

Para poder instalar Hibernate lo primero que tendremos que hacer es añadir al proyecto de Maven las dependencias imprescindibles de JPA e Hibernate.

Código 11. 1: (pom.xml)

```xml
<dependency>
            <groupId>jakarta.persistence</groupId>
            <artifactId>jakarta.persistence-api</artifactId>
            <version>3.1.0</version>
</dependency>
<dependency>
            <groupId>org.hibernate.orm</groupId>
            <artifactId>hibernate-core</artifactId>
            <version>6.4.3.Final</version>
</dependency>
```

Persistence.xml

Obtenidas las librerías deberemos configurar el fichero de persistence.xml que nos permitirá un mapeo a nivel de persistencia de nuestras clases y definición de la conexión a la base de datos.

Código 11. 2: (persistence.xml)

```xml
<?xml version="1.0" encoding="UTF-8" standalone="yes"?>
<persistence version="3.0" xmlns="https://jakarta.ee/xml/ns/persistence"
        xmlns:xsi="http://www.w3.org/2001/XMLSchema-instance"
        xsi:schemaLocation="https://jakarta.ee/xml/ns/persistence
        https://jakarta.ee/xml/ns/persistence/persistence_3_0.xsd">

  <persistence-unit name="biblioteca">
    <properties>
     <property name="jakarta.persistence.jdbc.driver" value="com.mysql.cj.jdbc.Driver" />
     <property name="jakarta.persistence.jdbc.url"
value="jdbc:mysql://localhost:3306/biblioteca" />
     <property name="jakarta.persistence.jdbc.user"   value="root" />
     <property name="jakarta.persistence.jdbc.password" value="" />

     <property name="hibernate.dialect"    value="org.hibernate.dialect.MySQLDialect" />
     <property name="hibernate.show_sql"   value="true" />
     <property name="hibernate.format_sql" value="true" />
    </properties>
  </persistence-unit>
</persistence>
```

La estructura de packages se ha actualizado para mayor organización y la imagen muestra la ubicación del persistence.xml en la carpeta META-INF dentro de src/main/resources.

Una vez instalado JPA como especificación e Hibernate como framework de apoyo es momento de empezar a trabajar con él.

Introducción a Hibernate con JPA

Hibernate es un framework ORM (Object Relational Mapping) y su tarea es el de permitir a un desarrollador mapear objetos contra registros de una base de datos como se muestra a continuación en la imagen.

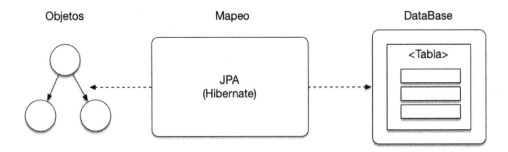

Todos los frameworks de persistencia trabajan de forma similar y al tratarse de JPA todos incluyen el persistence.xml. Este fichero que hemos mostrado al principio del capitulo contiene

- **Usuario y clave de conexión**
- **URL de la base de datos de destino**
- **Driver JDBC que vamos a usar**
  - **Clases que van a ser persistidas de forma automática.**

A continuación se muestra un diagrama de alto nivel sobre cuales son los elementos y pasos generales que realiza el framework Hibernate a la hora de trabajar con los objetos

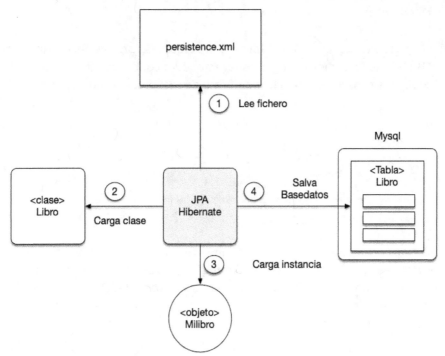

java que se encarga de persistir.

Vamos a explicar cada uno de los pasos del diagrama

1. **Leer persistence.xml:** Como primera tarea el framework busca y lee el fichero de configuración en donde se encuentra la información de usuario, clave, driver y url de conexión. De esta forma se conecta a la base de datos. Junto a esta información se puede encontrar las clases que puede persistir sobre todo en versiones antiguas de JPA.

2. **Carga la clase :** El programa que estemos construyendo carga las clases en memoria en este caso la clase Libro es la única que tenemos

3. **Crear Objeto :** El programa que estemos construyendo crea varios objetos de la clase Libro según nuestras necesidades

4. **Salvar:**Hibernate se encarga de guardar los datos en la base de datos

Una vez realizada una introducción a como Hibernate trabaja en líneas generales es momento de construir nuestro primer ejemplo.

Configuración JPA

Creado un proyecto Java estándar con Maven y añadidas las librerías necesarias para trabajar con Hibernate lo primero que necesitaremos será configurar el fichero persistence.xml. Este fichero estará ubicado dentro de resources como explicamos antes.

Como antes hemos comentado el fichero contiene la información de conexión y el dialecto que vamos a usar contra la base de datos así como algunas propiedades adicionales .Vamos a comentar a detalle cada una de las propiedades que este fichero contiene. Esta primera linea configura el driver de conexión a la base de datos. En nuestro caso es el driver de MySQL.

Código 11. 4: (persistence.xml)

```
<property name="jakarta.persistence.jdbc.driver"
value="com.mysql.cj.jdbc.Driver" />
```

Estas otras lineas configuran la url de conexión usuario y clave.

Código 11. 5: (persistence.xml)

```
<property name="jakarta.persistence.jdbc.url"
value="jdbc:mysql://localhost:3306/biblioteca" />
<property name="jakarta.persistence.jdbc.user"   value="root" />
<property name="jakarta.persistence.jdbc.password" value="" />
```

Esta linea configura el dialecto que usará JPA e Hibernate para generar la consultas SQL de forma transparente al desarrollador.

Código 11. 6: (persistence.xml)

```
<property name="hibernate.dialect"    value="org.hibernate.dialect.MySQLDialect"/>
```

Finalmente esta linea ayuda a imprimir información sobre las consultas SQL que se ejecutan y las imprime en la consola.

Código 11. 7: (persistence.xml)

```xml
<property name="hibernate.show_sql"   value="true" />
<property name="hibernate.format_sql" value="true" />
```

Migrar nuestra aplicación a Hibernate

Es momento de ver como podemos encajar JPA e Hibernate dentro de nuestra aplicación. En primer lugar vamos a modificar la clase Libro ya que para que una clase pueda ser persistible por JPA necesita incluir anotaciones.

Código 11. 8: (Libro.java)

```java
import jakarta.persistence.Entity;
import jakarta.persistence.Id;
import jakarta.persistence.Table;

@Entity
@Table(name="libros")
public class Libro {
        @Id
        private String isbn;
        private String titulo;

        private String categoria;

        public String getIsbn() {
                return isbn;
        }

        public void setIsbn(String isbn) {
                this.isbn = isbn;
        }

        public String getTitulo() {
                return titulo;
        }

        public void setTitulo(String titulo) {
                this.titulo = titulo;
        }

        public String getCategoria() {
                return categoria;
        }
```

```
            public void setCategoria(String categoria) {
                    this.categoria = categoria;
            }

            public Libro(String isbn, String titulo, String categoria) {
                    super();
                    this.isbn = isbn;
                    this.titulo = titulo;
                    this.categoria = categoria;
            }
            public Libro(String isbn) {
                    super();
                    this.isbn = isbn;
            }
            public Libro() {
                    super();
            }

}
```

Como podemos ver la clase es muy similar a la anterior pero tiene algunos constructores más para facilitar las operaciones de JPA y sobre todo lleva las anotaciones de @Entity @Table y @Id que le permiten ser persistible con JPA de una forma muy sencilla.

Cada una de estas anotaciones tiene una funcionalidad:

@Entity : Define que la clase es una entidad y va a poder ser persistida por JPA de forma transparente.

@Table: Mapea el nombre de la entidad a la tabla de la base de datos. Es una anotación muy habitual porque no siempre los nombres coinciden de tabla y clase (plurales etc)

@Id: Define la clave primaria de la tabla con la que la entidad se mapea.

Realizados todos estos cambios la entidad puede ser persistida usando JPA e Hibernate como framework de persistencia.

LibroRepository Interface

Es momento de extraer a un interface el concepto de LibroRepository y que existan dos implementaciones de él. Una más clásica de JDBC y otra más moderna de JPA.

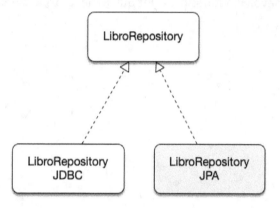

Vamos a ver su código:

Código 11. 10: (LibroRepository.java)

```java
package com.arquitecturajava.repositories;

import java.util.List;
import com.arquitecturajava.models.Libro;

public interface LibroRepository {

        List<String> buscarTodasLasCategorias();
        void insertar(Libro libro);
        List<Libro> buscarTodos();
        List<Libro> buscarTodosPorCategoria(String categoria);
        void borrar(String isbn);
}
```

Entity Manager y EntityManagerFactory

Es momento de ver la nueva implementacion que se apoya en JPA y que nos permitirá un manejo mas flexible del repositorio. Para poder entender el código tenemos que entender primero tres conceptos . El primero es el que se denomina EntityManagerFactory .

¿Qué es un EntityManagerFactory?

Un EntityManagerFactory es una clase que se conecta a la base de datos y nos configura la conectividad etc devolviéndonos cada vez que lo necesitemos una EntityManager.

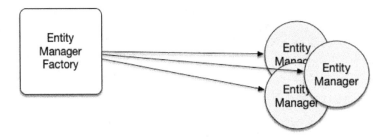

¿Qué es un EntityManager?

En EntityManager es una clase de JPA que se encarga de gestionar la persistencia de un conjunto de objetos .Cada EntityManager tiene a su cargo un conjunto reducido de entidades que controla y persiste.

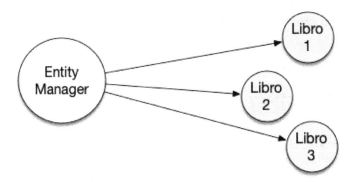

Es momento de ver el código de la nueva clase LibroRepositoryJPA

Código 11. 11: (LibroRepositoryJPA.java)

```java
import java.util.List;

import com.arquitecturajava.models.Libro;

import jakarta.persistence.EntityManager;
import jakarta.persistence.EntityManagerFactory;
import jakarta.persistence.EntityTransaction;
import jakarta.persistence.Persistence;
import jakarta.persistence.TypedQuery;

public class LibroRepositoryJPA implements LibroRepository {

EntityManager em;

public LibroRepositoryJPA() {

EntityManagerFactory emf = Persistence.createEntityManagerFactory("biblioteca");
        em = emf.createEntityManager();

}

@Override
public List<String> buscarTodasLasCategorias() {

        return em.createQuery("select distinct (l.categoria) from Libro l",
String.class).getResultList();

}

@Override
public void insertar(Libro libro) {
        EntityTransaction t = em.getTransaction();
        t.begin();
        em.persist(libro);
        t.commit();
}

@Override
public List<Libro> buscarTodos() {
        return em.createQuery("select l from Libro l", Libro.class).getResultList();
}

@Override
```

```
public List<Libro> buscarTodosPorCategoria(String categoria) {

        TypedQuery<Libro> query = em.createQuery("select l from Libro l where l
        .categoria=:categoria", Libro.class);
        query.setParameter("categoria", categoria);
        return query.getResultList();
}

@Override
public void borrar(String isbn) {
        EntityTransaction t = em.getTransaction();
        t.begin();
        em.remove(em.merge(new Libro(isbn)));
        t.commit();
}
}
```

La clase no solo incluye los conceptos de EntityManagerFactory y EntityManager sino que también hace uso de EntityTransactions y TypedQueries. Ambos conceptos son complementarios y vamos a comentarlos brevemente:

EntityManager: El entityManager soporta varios métodos como merge , remove y persist que se encargan de almacenar el estado de las entidades en la base de datos. Aparte de esto soporta un lenguaje propio de consultas como es JPA Query Language que permite hacer consultas orientadas a objeto.

Código 11. 12: (LibroRepositoryJPA.java)

```
em.createQuery("select l from Libro l", Libro.class).getResultList();
```

EntityTransaction: Se encarga de ejecutar una operación del EntityManager de forma transaccional es decir si todo va bien se confirma y sino se cancelan todas. En este caso lo usamos para los métodos de insertar y borrar que son los que hacen modificaciones sobre las entidades.

Resumen

Este capítulo ha servido de introducción a JPA y al framework Hibernate de tal forma que podemos despedirnos del repositorio de JDBC.

Cupón de JPA

Gracias por leer mi libro muchas personas me suelen solicitar al leer el libro un cupón de descuento para mi curso profesional de JPA . Aquí te dejo el link con un 60% de descuento :)

https://cursos.arquitecturajava.com/p/introduccion-jpa?coupon_code=LIBROJAVAVIP&product_id=1726796

JPA y Relaciones

En el capítulo anterior hemos modificado nuestra aplicación para que se apoya JPA a la hora de gestionar la capa de persistencia . Sin embargo aun nos quedan bastantes puntos que tratar a la hora de trabajar con un framework de persistencia .Quizás lo mas destacable del uso de un framework de persistencia es que nos permite construir modelos mas complejos y mas flexibles en donde existan varias clases y se construyan relaciones entre ellas. En nuestro caso en estos momentos partimos de un modelo elemental en el que únicamente tenemos una tabla en la base de datos. Como muestra la siguiente imagen.

Es momento de construir un modelo mas solido entidad relación en el cual JPA se pueda apoyar. Así pues modificaremos la estructura de la base de datos para que aparezca una nueva tabla, la tabla Categorías como se muestra a continuación.

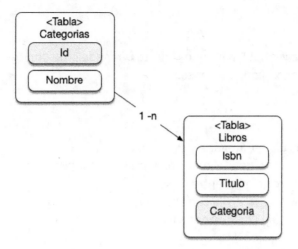

De tal forma que ambos conceptos estén relacionados a través del id de la tabla categoría y del campo categoría de la tabla Libros. Una vez construidas ambas tablas estas quedaran relacionadas a través de una clave externa

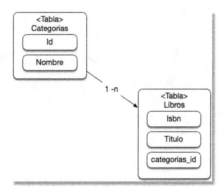

Una vez modificado el modelo de tablas deberemos de encargarnos de realizar las modificaciones oportunas en nuestra aplicación para que soporte un modelo mas complejo en que las entidades se relacionan, este será el objetivo principal del capítulo. A continuación se listan los objetivos y tareas a realizar.

Objetivos:

Evolucionar la aplicación JEE para que soporte un modelo de objetos complejo a nivel de capa de persistencia con relaciones.

Tareas:

1. Construir la clase Categoría y mapearla
2. Modificar la capa de presentación para soportar la clase Categoría
3. Creación de relaciones entre clases
4. Relaciones y persistencia con Hibernate
5. Relaciones y capa de presentación

Construir la clase Categoría y mapearla

Nos encontraremos que igual que existen dos tablas en la base de datos deberemos tener también en principio dos clases en nuestro modelo de objetos de negocio como se muestra en la imagen

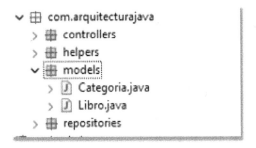

Así pues debemos crear una nueva clase en nuestra aplicación que se encargara de gestionar el concepto de Categoría. Vamos a ver su código a continuación

Código 12. 1: (Categoria.java)

```java
import java.util.ArrayList;
import java.util.List;
import java.util.Objects;

import jakarta.persistence.Entity;
```

```java
import jakarta.persistence.Id;
import jakarta.persistence.OneToMany;
import jakarta.persistence.Table;

@Entity
@Table(name="categorias")
public class Categoria {
        @Id
        private int id;
        private String nombre;
        @OneToMany(mappedBy="categoría")
        private List<Libro> libros= new ArrayList<Libro>();
        public int getId() {
                return id;
        }
        public void setId(int id) {
                this.id = id;
        }
        public String getNombre() {
                return nombre;
        }
        public void setNombre(String nombre) {
                this.nombre = nombre;
        }
        public List<Libro> getLibros() {
                return libros;
        }
        public void setLibros(List<Libro> libros) {
                this.libros = libros;
        }
        public Categoria(int id, String nombre) {
                super();
                this.id = id;
                this.nombre = nombre;
        }
        public Categoria(int id) {
                super();
                this.id = id;
        }
        public Categoria() {
                super();
        }
        @Override
        public int hashCode() {
                return Objects.hash(id);
        }
        @Override
        public boolean equals(Object obj) {
                if (this == obj)
                        return true;
                if (obj == null)
                        return false;
```

```
            if (getClass() != obj.getClass())
                  return false;
            Categoria other = (Categoria) obj;
            return id == other.id;
      }


}
```

Una vez creada esta clase observaremos que comparte el mismo sistema de anotaciones que tiene la clase Libro.Hemos además sobrecargado el método equals y hashcode que evitara problemas a la hora de comparar objetos de la misma clase. Lo mismo deberemos hacer con la entidad Libro.

JPA y Relaciones

Ahora bien esta clase tiene una anotación nueva que hay que comentar @OneToMany. Esta anotación permite generar una relación de JPA de uno a muchos entre Categoria y Libro . De tal forma que una Categoria contenga varios Libros. Para ello hace uso de una lista generica.

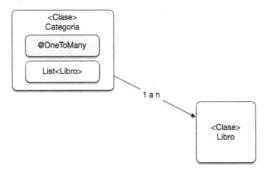

Una vez construida esta primera parte es momento de abordar la segunda que es una relación @ManyToOne entre Libro y Categoria por decirlo de alguna manera es la relación inversa y la que contiene la columna de mapeo.

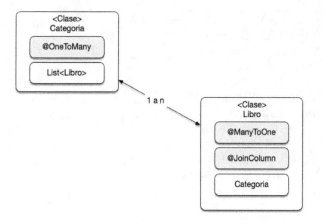

La nueva clase Libro queda así:

Código 12. 2: (Libro.java)

```java
import java.util.Objects;
import jakarta.persistence.Entity;
import jakarta.persistence.Id;
import jakarta.persistence.JoinColumn;
import jakarta.persistence.ManyToOne;
import jakarta.persistence.Table;

@Entity
@Table(name="libros")
public class Libro {
        @Id
        private String isbn;
        private String titulo;
        @ManyToOne
        @JoinColumn(name="categorias_id")
        private Categoria categoria;
        public Libro() {
                super();
        }

        public String getIsbn() {
                return isbn;
        }

        public void setIsbn(String isbn) {
                this.isbn = isbn;
        }

        public String getTitulo() {
                return titulo;
        }
}
```

```
        public void setTitulo(String titulo) {
                this.titulo = titulo;
        }

        public Categoria getCategoria() {
                return categoria;
        }

        public void setCategoria(Categoria categoria) {
                this.categoria = categoria;
        }

        public Libro(String isbn) {
                super();
                this.isbn = isbn;
        }

        public Libro(String isbn, String titulo, Categoria categoria) {
                super();
                this.isbn = isbn;
                this.titulo = titulo;
                this.categoria = categoria;
        }

        @Override
        public int hashCode() {
                return Objects.hash(isbn);
        }

        @Override
        public boolean equals(Object obj) {
                if (this == obj)
                        return true;
                if (obj == null)
                        return false;
                if (getClass() != obj.getClass())
                        return false;
                Libro other = (Libro) obj;
                return Objects.equals(isbn, other.isbn);
        }

}
```

Como podemos observar la anotación @ManyToOne incluye una anotación adicional que se denomina @JoinColumn y que define la columna de mapeo de la relación . En este caso categorias_id. Hemos añadido también los métodos equals y hashcode para que el borrado o actualización de los objetos quede mejor definido a nivel de clave primaria.

CategoriaRepository (Interface e implementación)

Es momento de construir el interface y la clase de repositorio que hacen referencia a la Categoria.

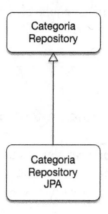

Código 12. 3: (CategoriaRepository.java)

```java
import java.util.List;

import com.arquitecturajava.models.Categoria;

public interface CategoriaRepository {

        List<Categoria> buscarTodasLasCategorias();
}
```

El de la clase:

Código 12. 4: (CategoriaRepositoryJPA.java)

```java
import java.util.List;
import com.arquitecturajava.models.Categoria;
import jakarta.persistence.EntityManager;
import jakarta.persistence.EntityManagerFactory;
import jakarta.persistence.Persistence;

public class CategoriaRepositoryJPA implements CategoriaRepository {

EntityManager em;

public CategoriaRepositoryJPA() {

        EntityManagerFactory emf =
```

```
                Persistence.createEntityManagerFactory("biblioteca");
                em = emf.createEntityManager();

}

@Override
public List<Categoria> buscarTodasLasCategorias() {

return em.createQuery("select c from Categoria c", Categoria.class).getResultList();

}
}
```

Modificar la Capa de presentación y soportar la clase Categoría

Una vez hecho esto deberemos modificar algunas de nuestras acciones para que se hagan eco de los cambios que acabamos de introducir ya que ahora el método de buscar todas las categorías se encuentra ubicado en la clase CategoriaRepository. Vamos a ver como este cambio afecta a la clase ListaLibrosCommand.

Código 12.5: (listalibroscommand.java)

```
public class ListaLibrosCommand implements Command{

@Override
public void execute(HttpServletRequest request, HttpServletResponse response) throws
Exception {
LibroRepository repositorioLibro=new LibroRepositoryJPA();
CategoriaRepository repositorioCategoria=new CategoriaRepositoryJPA();
List<Categoria> listaCategorias = repositorioCategoria.buscarTodasLasCategorias();
List<Libro> listaLibros = repositorioLibro.buscarTodos();
request.setAttribute("listaCategorias", listaCategorias);
request.setAttribute("listaLibros", listaLibros);
RequestDispatcher despachador = request.getRequestDispatcher("listalibros.jsp");
despachador.forward(request, response);
}
}
```

Como podemos ver la clase de comando hace uso de la nueva clase CategoriaRepository a la hora de buscar todas las categorías de la aplicación este cambio afectará también a las paginas jsp ligadas al Controlador. Vamos a ver como queda el listado a nivel del select que es lo que queda afectado.

Código 12.6: (listalibros.html)

```
<%@ taglib prefix="c" uri="http://java.sun.com/jsp/jstl/core"%>
```

```
<%@ page contentType="text/html;charset=UTF-8" language="java"%>
<html>
<head>
<meta charset="UTF-8">
<title>Listado de Libros</title>
</head>
<body>
        <form>
        <select name='categoria'>
                <c:forEach var="categoria" items="${listaCategorias}">
                        <option value="${categoria.id}">${categoria.nombre}</option>
                </c:forEach>
        </select>
        <input type="submit" value="filtrar"/>
        <input type="hidden" name="accion" value="filtrocategorialibro"/>
        </form>
        <h2>Listado de Libros</h2>
        <table border='1'>
                <tr>
                        <th>ISBN</th>
                        <th>Título</th>
                        <th>Categoría</th>
                </tr>
                <c:forEach var="libro" items="${listaLibros}">
                        <tr>
                                <td>${libro.isbn}</td>
                                <td>${libro.titulo}</td>
                                <td>${libro.categoria.nombre}</td>
                                <td><a href="?accion=borrarlibro
                                 &isbn=${libro.isbn}">borrar</a></td>
                                </tr>
                </c:forEach>
        </table>

        <a href="?accion=formularionuevolibro">Nuevo</a>
</body>
</html>
```

En este caso podemos ver como el select que maneja las categorías queda modificado para hacer uso de un objeto de negocio y no de una simple cadena. Accedemos al objeto y a sus propiedades.

Código 12.6: (listalibros.html)

```
<select name='categoria'>
        <c:forEach var="categoria" items="${listaCategorias}">
                <option value="${categoria.id}">${categoria.nombre}</option>
        </c:forEach>
</select>
```

De igual modo a otras acciones como puede ser FiltroLibroCategoriaCommand quedaran igualmente afectadas .

Código 12.7: (FiltroLibroCategoriaCommand.java)

```java
import java.util.List;

import com.arquitecturajava.models.Categoria;
import com.arquitecturajava.models.Libro;
import com.arquitecturajava.repositories.CategoriaRepository;
import com.arquitecturajava.repositories.CategoriaRepositoryJPA;
import com.arquitecturajava.repositories.LibroRepository;
import com.arquitecturajava.repositories.LibroRepositoryJPA;

import jakarta.servlet.RequestDispatcher;
import jakarta.servlet.http.HttpServletRequest;
import jakarta.servlet.http.HttpServletResponse;

public class FiltroLibroCategoriaCommand implements Command {

@Override
public void execute(HttpServletRequest request, HttpServletResponse response) throws
Exception {

LibroRepository repositorioLibro = new LibroRepositoryJPA();
CategoriaRepository repositorioCategoria = new CategoriaRepositoryJPA();
List<Categoria> listaCategorias = repositorioCategoria.buscarTodasLasCategorias();
List<Libro> listaLibros =
repositorioLibro.buscarTodosPorCategoria(request.getParameter("categoria"));
request.setAttribute("listaCategorias", listaCategorias);
request.setAttribute("listaLibros", listaLibros);
RequestDispatcher despachador = request.getRequestDispatcher("listalibros.jsp");
despachador.forward(request, response);

}

}
```

JPA n+1 Queries

El código nos vuelve a funcionar y tenemos la aplicación operativa sin embargo tenemos algunos problemas que son importantes en cuanto al rendimiento. Si nos fijamos en las consultas que aparecen por la consola nos daremos cuenta de que al Listar los Libros se ejecutan varias consultas

- Selección de todos los libros
- Selección de todas las categorías
- Selección de la categoría para el primer libro
- Selección de la categoría para el segundo libro

Vamos a verlo en la consola :

Hibernate: select c1_0.id,c1_0.nombre from categorias c1_0
Hibernate: select l1_0.isbn,l1_0.categorias_id,l1_0.titulo from libros l1_0
Hibernate: select c1_0.id,c1_0.nombre from categorias c1_0 where c1_0.id=?
Hibernate: select c1_0.id,c1_0.nombre from categorias c1_0 where c1_0.id=?

Tenemos un problema ya que las últimas dos consultas como hemos comentado no son necesarias ya que lo único que hacen es obtener las categorías de los libros .

JPA Proxies

¿Cómo se realiza esta operación? . Cuando trabajamos con JPA todas las relaciones entre clases están defnidas con Proxies es decir no accedemos directamente a la relación sino que hay una clase intermediaria que se encarga del acceso.

De esta forma si en algún momento la capa de presentación como es en este caso la pagina listalibros solicitada datos adicionales como por ejemplo mostrar el nombre de la categoría . JPA puede usando el EntityManager que esta abierto realizar consultas adicionales que nos traigan las categorías.

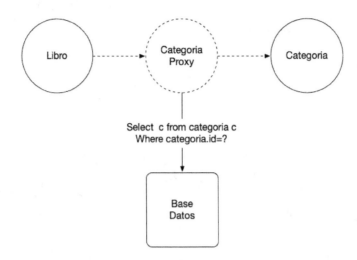

Esto es un problema ya que puede haber muchos libros y muchas categorías con lo cual el numero de consultas SQL se dispara en una sola pagina y acaba siendo problemático. Es lo que se denomina el problema de n+1 queries. Para solventar este tema hay que modificar la consulta que selecciona todos los libros a nivel de repositorio.

Código 12.7: (FiltroLibroCategoriaCommand.java)

```
public List<Libro> buscarTodos() {
return
em.createQuery("select l from Libro l join fetch l.categoria ",Libro.class)
.getResultList();
}
```

En este caso hemos obligado al repositorio a que cada vez que seleccione los libros incluya tambien las categorías usando lo que se denomina un Join Fetch. De esta forma el problema de las n+1 queries desaparecerá y tendremos las consultas construidas de forma correcta.

Hibernate: select c1_0.id,c1_0.nombre from categorias c1_0

Hibernate: select l1_0.isbn,c1_0.id,c1_0.nombre,l1_0.titulo from libros l1_0 join categorias c1_0 on c1_0.id=l1_0.categorias_id

Recordemos que las anotaciones de @Lazy pueden ser también importantes a la hora de abordar soluciones mas complejas con garantías en entornos de JPA.

Resumen

En este capítulo hemos mostrado como construir un modelo de persistencia mas flexible construyendo relaciones entre los distintos objetos. Aunque hemos aumentado la flexibilidad también hemos incrementado la complejidad a la hora de abordar un desarrollo introduciendo características avanzadas de los frameworks de persistencia.

El principio GSR y el patrón Service

En el capitulo anterior hemos usado dos clases de Repositorio LibroRepository y CategoriaRepository. Ambas clases están fuertemente ligadas a través de una relación y es muy probable que cuando usemos un repositorio acabemos usando el otro de apoyo eso es lo que sucede en el uso de la mayor parte de las acciones de nuestro código. Es momento de usar el principio GSR y agrupar las responsabilidades dentro de una nueva clase de Servicio (Service)

Objetivos:

Evolucionar la aplicación JEE para que soporte una clase de Servicio y agrupe nuevas responsabilidades.

Tareas:

1. Construir la clase de Servicio
2. Delegar en ambos repositorios
3. Modificar las acciones

El patron de servicio y el principio GSR.

En muchas ocasiones nos interesara agrupar la misma responsabilidad (GSR) y hacerla mas accesible para nosotros sin estar tan dividida . Para realizar esta operación vamos a usar el patron Service o Servicio que se encarga de agrupar responsabilidades similares en este caso la de varios repositorios para un mejor manejo.

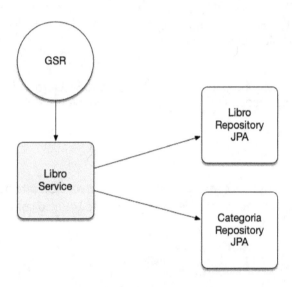

Es momento de ver una primera versión de esta clase que se encarga de agrupar la funcionalidad de los dos repositorios.

Código 13.8: (LibroService.java)

```java
import com.arquitecturajava.models.Categoria;
import com.arquitecturajava.models.Libro;

public class LibroService {

        private LibroRepository repositorioLibro;
        private CategoriaRepository repositorioCategoria;

        public LibroService() {

                this.repositorioLibro = new LibroRepositoryJPA();
                this.repositorioCategoria = new CategoriaRepositoryJPA();
        }
```

```
public void insertarLibro(Libro libro) {
        repositorioLibro.insertar(libro);
}

public List<Libro> buscarTodosLosLibros() {
        return repositorioLibro.buscarTodos();
}

public List<Libro> buscarTodosLosLibrosPorCategoria(String categoria) {
        return repositorioLibro.buscarTodosPorCategoria(categoria);
}

public void borrarLibro(String isbn) {
        repositorioLibro.borrar(isbn);
}

public List<Categoria> buscarTodasLasCategoriasLibros() {
        return repositorioCategoria.buscarTodasLasCategorias();
}
}
```

A partir de este momento las clases de Comando no invocaran directamente a los repositorios sino que se encargaran de usar la clase de Servicio como intermediario

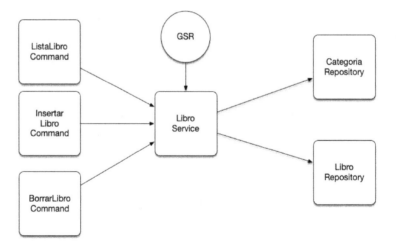

Servicio y Acciones

Es momento de ver el código de una de estas acciones y como el servicio es invocado una vez modificado el comando:

Código 12.6: (ListaLibrosCommand.java)

```java
public class ListaLibrosCommand implements Command{

@Override
public void execute(HttpServletRequest request, HttpServletResponse response) throws
Exception {

LibroService servicio = new LibroService();
List<Categoria> listaCategorias =servicio.buscarTodasLasCategoriasLibros();
List<Libro> listaLibros = servicio.buscarTodosLosLibros();

request.setAttribute("listaCategorias", listaCategorias);
request.setAttribute("listaLibros", listaLibros);
RequestDispatcher despachador = request.getRequestDispatcher("listalibros.jsp");
despachador.forward(request, response);
}

}
```

Acabamos de agrupar las responsabilidades en una nueva clase que nos permitirá
trabajar con todos los comandos de una forma mas sencilla. Las clases de Servicio
aglutinan la responsabilidad de varios repositorios , en muchas ocasiones de cuatro o
cinco permitiendo un acceso mas integrado a la capa de negocio y persistencia . Es por
ello por lo que tienen sus propios paquetes dada su importancia.

Resumen

El resto de los comandos deberán actualizarse de la misma forma para integrar el
servicio y a partir de ahora no manejaran repositorios de forma directa.

Inversión de Control Inyección de dependencia y el patrón factory

En el capítulo anterior hemos aplicado el principio GSR y hemos agrupado la funcionalidad de negocio y persistencia en torno a la clase de servicio . Ahora bien esta clase se encarga de instanciar de forma directa los Repositorios que necesitamos. En este caso hace uso de los repositorios de JPA.

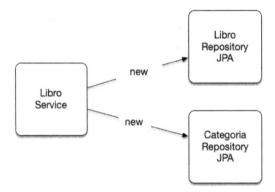

Todo parece correcto . Sin embargo si nos ponemos a pensar un poco mas en ello nos encontraremos con que podemos abordar alguna mejora. En estos momentos disponemos de dos implementaciones de los interfaces de Repositorio (LibroRepository y CategoriaRepository). La primera implementación es de JDBC y la segunda es de JPA

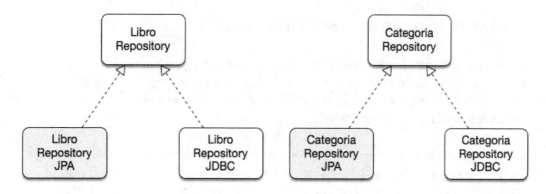

Podría ser muy interesante poder cambiar de forma dinámica entre una implementación y otra ya que una puede ser para aplicaciones legacy y otra para aplicaciones modernas con JPA. Lamentablemente no podemos abordarlo de forma sencilla sin recompilar el código ya que nuestra clase de servicio esta orientada a JPA y no a JDBC como muestra el código:

Código 12.7: (LibroService.java)

```java
public class LibroService {

        private LibroRepository repositorioLibro;
        private CategoriaRepository repositorioCategoria;

        public LibroService() {

                this.repositorioLibro = new LibroRepositoryJPA();
                this.repositorioCategoria = new CategoriaRepositoryJPA();
        }
}
```

¿Cómo podemos solventar esto?. Aplicando el principio de inversión de control y aplicando una inyección de dependencia.

Objetivos:

Evolucionar la aplicación JEE para que soporte inversión de control

Tareas:

1. Modificar la clase de Servicio
2. Inyectar Dependencias
3. Crear una factoria.

¿Qué es el principio de inversión de control?

El principio de inversión de control define que el control de la construcción de los objetos no recae directamente en el desarrollador a través del uso del operador **new** sino que es la propia aplicación la que decide que instanciar en cada momento dependendiendo de sus necesidades.

Esto al principio puede parecer un poco extraño vamos a verlo más a detalle en código. El primer paso que tenemos que realizar es cambiar la forma en la que el servicio se construye pasaremos de tener un constructor sin parámetros a un constructor que recibe los repositorios (interfaces) y puede inyectar diferentes implementaciones.

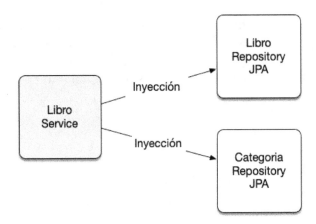

El código:

Código 12.8: (LibroService.java)

```java
public class LibroService {

        private LibroRepository repositorioLibro;
        private CategoriaRepository repositorioCategoria;


public LibroService(LibroRepository repositorioLibro,
        CategoriaRepository repositorioCategoria) {
                super();
                this.repositorioLibro = repositorioLibro;
                this.repositorioCategoria = repositorioCategoria;
        }
.....
}
```

Como podemos observar el constructor de la clase LibroService ya no se encarga de instanciar los objetos LibroRepositoryJPA y CategoriaRepositoryJPA sino que los recibe como parámetros (como interfaces). Esto puede parecer un cambio sin importancia . Pero se trata de un cambio **vital** ya que da opción a que otras clases mas orientadas a instanciación de objetos decidan que implementación vamos a usar . En unos casos recibiremos JPA en otros JDBC y en otros otras cosas .

Servicios y Factorias

Para que nosotros podamos aportar flexibilidad a la construcción de objetos nos vendrá bien construir una clase de Factoria que decida cuando se van a instanciar unas jerarquías de clases orientadas a JPA o otra Jerarquia de clases orientadas a JDBC . Una factoria es un patrón de diseño que se encarga de construir un conjunto de objetos. Vamos a ver como podemos abordar esto.

Código 12.9: (WebFactory.java)

```java
public class WebFactory {

public static LibroService getService() throws IOException {

ClassLoader classLoader = Thread.currentThread().getContextClassLoader();

InputStream input = classLoader.getResourceAsStream("/database.properties");

Properties propiedades = new Properties();
propiedades.load(input);

if (propiedades.get("persistencia").equals("JPA")) {

return new LibroService(new LibroRepositoryJPA(), new CategoriaRepositoryJPA());

} else {

return new LibroService(new LibroRepositoryJDBC(), new CategoriaRepositoryJDBC());
}
}
}
```

El código no es sencillo de entender asi que vamos a explicarlo a través del uso de algunos diagramas. En primer lugar lo que hace esta clase es leer un fichero de propiedades que se denomina database.properties. Este fichero se encuentra ubicado dentor de src/main/resources.

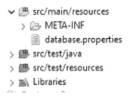

```
v  src/main/resources
   >  META-INF
      database.properties
>  src/test/java
>  src/test/resources
>  Libraries
```

Este fichero va a contener una información muy sencilla . Simplemente que tipo de persistencia vamos a usar.

Código 13.0: (database.properties)

```
persistencia=JPA
```

Esta persistencia se podrá cambiar de JPA a JDBC o a otra cosa siempre y cuando tengamos las clases implementadas. Para leer el fichero de propiedades la clase WebFactory hace uso de una clase Properties.

Código 13.1: (WebFactory.java)

```
ClassLoader classLoader = Thread.currentThread().getContextClassLoader();
InputStream input = classLoader.getResourceAsStream("/database.properties");
Properties propiedades = new Properties();
propiedades.load(input);
```

Esto nos lee el fichero de propiedades:

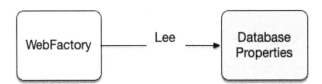

El código es un poco mas complejo de lo habitual porque tenemos que tener en cuenta que lo leemos de una carpeta ubicada en una aplicación web y siempre hay peculiaridades . Por ejemplo en este caso para leer un recurso hace falta acceder al ClassLoader de la aplicación web para ubicarnos en la carpeta adecuada. Una vez hecho esto pasamos al siguiente paso:

Código 13.1: (WebFactory.java)

```
if (propiedades.get("persistencia").equals("JPA")) {

return new LibroService(new LibroRepositoryJPA(), new CategoriaRepositoryJPA());
```

```
} else {

return null ;
// new LibroService(new LibroRepositoryJDBC(), new CategoriaRepositoryJDBC());
}
```

Leemos el fichero de base de datos y decidimos que repositorios instanciamos los de JPA o los de JDBC por lo tanto es la clase WebFactory la que decide como se inyectan las dependencias a la clase de servicio.

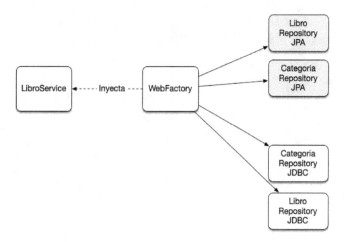

El principio de inversión de control

Si nos ponemos a pensar un poco en como hemos construido este código nos daremos cuenta que ya no somos nosotros los que realizamos un new de las dependencias que tiene la clase de servicio sino que lo hará la factoria.

Si profundizamos en nuestra reflexión nos daremos cuenta que ni siquiera es la factoria la que controla que objetos se instancian sino el desarrollador que modifique el database.properties que bien puede ser un administrador de de sistemas o una persona orientada a deployments y no un programador. Esta es la flexibilidad que aporta el principio de inversión de control.

Nos permite instanciar las clases y relacionarlas entre ellas operando un poco a nuestro aire sin depender tanto del código.

Resumen

Este ejemplo es muy elemental del principio de inversión de control e inyección de dependencias pero lo importante es entender que aporta flexibilidad. En el siguiente capitulo empezaremos a abordar Spring que es un framework de inversión de control y usando Spring Boot.

Spring Boot y LIM (LESS IS MORE)

En el capitulo anterior hemos visto como usar el principio de IOC (Inversion of Control) y la inyección de dependencias para aportar flexibilidad a la aplicación y poder cambiar la capa de persistencia de JPA a JDBC según nuestras necesidades al arrancar la aplicación . El principio de IOC es extensible a más capas y Spring es el framework Java de Inversión de Control e Inyección de Dependencias más utilizado . Cuanto mas capas podamos manejar con Spring Framework mas flexible será nuestra aplicación. En este capitulo vamos a abordar Spring ,Spring Boot y el principio LIM (Less Is More).

Objetivos:

Evolucionar la aplicación JEE para que soporte Spring Boot

Tareas:

1. Configurar la aplicación con el starter web
2. Generar un RestController de hola
3. Mapear la URL
4. Actualizar nuestras paginas

El principio LIM

LIM o Less Is More es uno de los principios mas generales no solo de la ingeniería de software sino de muchas otras cosas más. Menos es Mas (Less Is More) ,sin embargo es un principio que cuesta entender a nivel de software. Para ello vamos a poner un par de ejemplos muy básicos.

Imaginemonos que queremos usar una expresión regular que nos valide si la edad de una persona que va de 0 a 99 años . Es un ejemplo sencillo . Una opción de toma de contacto sería usar la siguiente expresión.

[0123456789][0123456789]

Esta expresión nos dice que disponemos de dos caracteres del 0 al 9 por lo tanto podemos definir desde 00 a 99 . Es razonable , ahora bien la expresión puede escribirse también de la siguiente manera:

[0-9][0-9]

Esta expresión es mucho mejor ya que nos permite escribir menos (LIM)(Menos es Mas) . Ahora bien otras personas nos dirían que es mejor:

\d{2}

Esta solución es la mas utilizada. Es evidente el uso del principio LIM de Less is More. Este principio se puede aplicar a otras tecnologías. CSS es una de ellas por ejemplo imaginemos que deseamos asignar un borde a un parrafo. Nos valdría con asignar estas propiedades a la hoja de estilo:

```
border-width: 1px;
border-style: solid;
border-color: #000;
```

Ahora bien de la misma manera se pueden asignar de una forma más compacta usando lo que se llama shorthand properties.

```
border: 1px solid #000;
```

Podemos entender que el principio LIM es un principio bastante importante a la hora de trabajar en nuestro día a día desarrollando ya que permite simplificar la forma con la que trabajamos.

Spring Boot y LIM

Durante los capítulos anteriores hemos estado trabajando con proyectos de Maven y añadiendo dependencias para web para JPA etc . Si queremos configurar ahora otro framework como Spring deberíamos añadir muchas más dependencias , las propias del framework Spring mas las que ya tenemos . ¿Cómo las seleccionamos? ¿Qué versión elegir?. Esto mas pronto que tarde es un problema ya que hay que tener un conocimiento profundo para poder elegir las dependencias correctas.

Spring Boot Starter

Sin embargo Spring soporta ya hace años un proyecto denominado Spring Boot que hace uso del principio LIM a la hora de configurar el proyecto. A través de un concepto denominado Spring Boot Starter. Un Spring Boot Starter nos simplifica usando LIM la configuración del proyecto. Para ello usaremos la pagina de Spring Initializer

https://start.spring.io/

En esta pagina tenemos un sencillo asistente que nos permite generar una aplicación sencilla con sus starters . En este caso no hace falta saber todas las librerías es suficiente con conocer los starters que nos ayudan a simplificar las cosas . Vamos a empezar con el starter web.

¿Qué es un Starter?

Basicamente lo que intenta Spring Boot es simplificar la forma de montar el proyecto y hace uso del **principio LIM a nivel de conocimiento** (hace falta saber menos). Es decir hoy por hoy a veces es complejo saber todo lo que necesitamos ya que son muchas muchas cosas. Un ejemplo es el de las librerías que la aplicación necesita. Hasta este momento han sido pocas y se han podido seleccionar con Maven pero en cuanto el proyecto se haga más complejo será muy difícil decidir cuales necesitamos. Para solventar esto Spring aporta una solución elegante en vez de usar librerías usaremos starters (conjuntos de librerías).

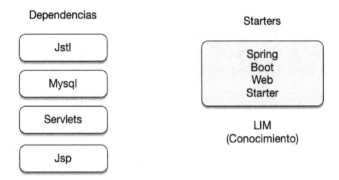

Hay que saber menos (LIM Conocimiento) a la hora de trabajar con Spring Boot y sus Starters que a la hora de usar dependencias .Para empezar con un solo starter podemos abordar lo más básico y arrancar una aplicación sencilla. Es momento de ver como queda el nuevo proyecto configurado.

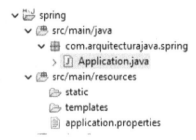

Spring Boot y Estructura

El proyecto ya nos incluye una estructura básica de paquetes e incluso un fichero de properties similar al que nosotros teníamos pero orientado a Spring Boot . Tenemos una aplicación montada desde cero con un único Starter. ¿Cuántas dependencias ha cargado Spring Boot por nosotros? . Si desplegamos la lista de Maven nos daremos cuenta de que es muy grande. Ni siquiera nos caben todas en la lista que se muestra. Spring boot ha usado LIM (Conocimiento9 y ha añadido a partir de un solo starter todas las dependencias que nosotros necesitábamos para el proyecto . De alguna forma ha encapsulado las dependencias y simplificado la forma que nosotros tenemos de trabajar.

```
spring-boot-starter-web-3.2.4.jar - C:\
spring-boot-starter-3.2.4.jar - C:\Users\
spring-boot-3.2.4.jar - C:\Users\cecilioa
spring-boot-autoconfigure-3.2.4.jar -
spring-boot-starter-logging-3.2.4.jar -
logback-classic-1.4.14.jar - C:\Users\ce
logback-core-1.4.14.jar - C:\Users\cecil
log4j-to-slf4j-2.21.1.jar - C:\Users\cecil
log4j-api-2.21.1.jar - C:\Users\cecilioah
jul-to-slf4j-2.0.12.jar - C:\Users\cecilioa
jakarta.annotation-api-2.1.1.jar - C:\Us
snakeyaml-2.2.jar - C:\Users\cecilioalva
spring-boot-starter-json-3.2.4.jar - C:\l
jackson-databind-2.15.4.jar - C:\Users\
jackson-annotations-2.15.4.jar - C:\Use
jackson-core-2.15.4.jar - C:\Users\cecil
jackson-datatype-jdk8-2.15.4.jar - C:\U
jackson-datatype-jsr310-2.15.4.jar - C:\
jackson-module-parameter-names-2.1
spring-boot-starter-tomcat-3.2.4.jar - C
tomcat-embed-core-10.1.19.jar - C:\Us
tomcat-embed-el-10.1.19.jar - C:\Users
tomcat-embed-websocket-10.1.19.jar -
spring-web-6.1.5.jar - C:\Users\cecilioa
spring-beans-6.1.5.jar - C:\Users\cecilic
micrometer-observation-1.12.4.jar - C:\
micrometer-commons-1.12.4.jar - C:\l
spring-webmvc-6.1.5.jar - C:\Users\cec
spring-aop-6.1.5.jar - C:\Users\cecilioa
spring-context-6.1.5.jar - C:\Users\ceci
spring-expression-6.1.5.jar - C:\Users\c
```

¿Por qué tantas dependencias?

Muy sencillo porque estamos usando el framework Spring , junto con las librerías adicionales básicas de web que todos necesitamos para arrancar . Aparte de eso incluye un servidor Tomcat Embebido para que no tengamos que instalar nosotros uno y podemos desplegar la aplicación de forma automática.

Desplegando una aplicación de hola mundo

Es momento de desplegar una aplicación de hola mundo con Spring Boot para ello es tan sencillo como crearnos un controlador de Spring Boot . Estos se anotan con @RestController y una vez le tenemos podemos usar otra anotación @RequestMappping para publicar una url de hola usando el metodo hola().

Vamos a verlo en código :

Código 14.1: (HolaController.java)

```java
import org.springframework.web.bind.annotation.RequestMapping;
import org.springframework.web.bind.annotation.RestController;

@RestController
public class HolaController {

        @RequestMapping("/hola")
        public String hola() {
                return "hola";
        }
}
```

El código es sencillo comparado con el ServletControlador que en estos momentos tenemos . Esto se debe a que nuestro Servlet tiene mas tareas que hacer y pertenece a una tecnología más antigua. Con este simple controlador estamos en disposición de arrancar una aplicación de hola con Spring Boot . Pulsamos botón derecho sobre el fichero de Application run as Java aplication.

Con esto es suficiente para que la aplicación web cargue y muestre un mensaje de hola.

Resumen

Tenemos Spring Boot funcionando con un starter web básico . La aparición de Spring Boot ha simplificado sobre manera los despliegues de aplicaciones . Hemos usado LIM a nivel de Conocimiento. Necesitamos saber menos para funcionar. Ahora tendremos que abordar el próximo reto como migrar nuestra aplicación a Spring Boot con todos los patrones que hemos usado y mejorarla más.

LIM y GSR con Thymeleaf

En el capitulo anterior hemos desplegado una aplicación de Spring Boot de "hola mundo". Es sorprendente como el uso de LIM en Spring Boot ha simplificado de forma absoluta la forma de desplegar aplicaciones . Necesitamos muy poco conocimiento para arrancarla gracias a los Starters . Ahora viene la parte más difícil que es migrar la aplicación que tenemos desarrollada. Para ello iremos paso a paso y en este capitulo abordaremos las vistas que actualmente son de JSTL y las pasaremos a Thymeleaf una tecnología más moderna musando un @Controller (y no un @RestController).

Objetivos:

Evolucionar la aplicación JEE para que soporte Spring Boot con Thymeleaf

Tareas:

1. Añadir el Starter de Thymeleaf
2. Crear la clase Libro para operaciones basicas
3. Generar un @Controller denominado LibroController con todas la funcionalidad que teníamos a nivel de vistas gestionado en memoria
4. Navegar entre vistas con el controlador y probar que todo funciona

Thymeleaf vs JSTL y LIM

Thymeleaf es el motor de plantillas que suele usar Spring Boot cuando se trata de montar una aplicación web clásica. Hoy por hoy para instalarlo solo necesitamos añadir el Starter correspondiente. Es decir en el proyecto de Spring Boot tememos las siguientes dependencias principales.

Código 15.1: (pom.xml)

```
<dependencies>
       <dependency>
              <groupId>org.springframework.boot</groupId>
              <artifactId>spring-boot-starter-web</artifactId>
       </dependency>

       <dependency>
              <groupId>org.springframework.boot</groupId>
              <artifactId>spring-boot-starter-test</artifactId>
              <scope>test</scope>
              </dependency>
</dependencies>
```

La primera dependencia es la que nosotros hemos introducido al pedir que sea un proyecto web . La segunda dependencia es obligatoria ya que define el starter de test para las pruebas unitarias. Es momento de añadir el starter de Thymeleaf.

Código 15.2: (pom.xml)

```
<dependency>
       <groupId>org.springframework.boot</groupId>
       <artifactId>spring-boot-starter-thymeleaf</artifactId>
</dependency>
```

Con esto es suficiente para tener configurado ThymeLeaf como motor de plantillas.

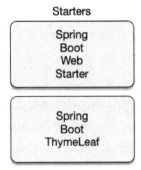

¿Cómo funciona un motor de plantillas?

Un motor de plantillas lo que permite es simplificar el funcionamiento de las vistas en un modelo MVC . Nos provee de un lenguaje sencillo para presentar los datos , el cual suele tener un soporte para etiquetas complementarias. Vamos a ver un poco la sintaxis de este lenguaje aplicado a nuestros ejemplos comparando JSTL y Thymeleaf.

El select de categoria con JSTL:

Código 15.3: (listalibros.html)

```
<select name='categoria'>
        <c:forEach var="categoria" items="${listaCategorias}">
                <option value="${categoria.id}">${categoria.nombre}</option>
        </c:forEach>
</select>
```

El select utilizando ThymeLeaf:

Código 15.4: (listalibros.html)

```
<select name='idCategoria'>
<option th:each="categoria : ${listaCategorias}"
        th:value="${categoria.id}"
th:text="${categoria.nombre}">
</option>
</select>
```

Ambas tecnologías se parecen mucho, una es mas cercana a Java y la otra es mas cercana a html (Thymeleaf) . ¿Cuál elegir , siempre es difícil , pero si algo es cierto es que para usar JSTL necesitamos algo más de conocimiento Java que para usar ThymeLeaf ya que esta última la mayor parte son atributos que se añaden al HTML . Por lo tanto si tuviéramos que elegir apoyándonos en LIM (knowledge) esta tecnología nos demanda menos conocimientos para construir la aplicación. Hace falta saber menos de Java o nada de Java. En cambio en JSTL el conocimiento de temas Java es muy importante. Asi pues es momento de construir un controlador de Spring y montar nuestra primera vista. Para ello vamos a usar las clases de Libro y Categoria ,eso sí al ser un primer ejemplo no incluiremos todavía JPA. Las clases serán simples.

Código 15.5: (Libro.java)

```java
public class Libro {

        private String isbn;
        private String titulo;
        private Categoria categoria;
... resto de codigo
}
```

Código 15.5: (Categoria.java)

```java
public class Categoria {

        private int id;
        private String nombre;
.... resto de codigo
}
```

Es momento de crear una clase LibroController y construir un método que nos devuelva una lista de Libros y los podamos cargar en la primera vista de ThymeLeaf.

Código 15.5: (LibroController.java)

```java
@Controller
@RequestMapping("/controlador")
public class LibroController {

List<Libro> listaLibros= new ArrayList<Libro>();
List<Categoria> listaCategorias= new ArrayList<Categoria>();

public LibroController() {
        listaLibros.add(new Libro("1D","PHP",new Categoria(1,"programacion")));
        listaLibros.add(new Libro("2D","Java",new Categoria(2,"web")));
        listaCategorias.add(new Categoria(1,"programacion"));
        listaCategorias.add(new Categoria(2,"web"));

}
@GetMapping("/listalibros")
public String listaLibros(Model model) {
```

```
        model.addAttribute("listaLibros",listaLibros);
        model.addAttribute("listaCategorias",listaCategorias);
        return "listalibros";


    }
}
```

Es un código relativamente sencillo , en el cual se define la url del controlador en un @RequestMapping ("/controlador") y en el constructor se inicializan un par de listas de objetos para tener datos iniciales.

@Controller y Model

Spring se diferencia mucho de los Servlets a nivel del concepto de Controlador esto es debido a que Spring Boot incluye un Servlet FrontController para todos los controladores por delante de ellos. El cual se encarga de gestionar el request el response etc. A este Servlet se le denomina DispatcherServlet y en el propio log de arranque de Spring boot podemos ver que se inicializa.

```
Started Application in 4.876 seconds (process running for 5.645)
Initializing Spring DispatcherServlet 'dispatcherServlet'
```

Asi pues la estructura real de la aplicación es mas cercana al siguiente diagrama cuando llega una petición Http:

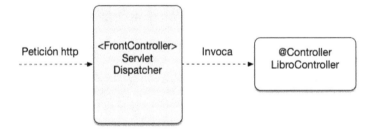

Esto ayuda a simplificar el nuevo LibroController ya que muchas de las operativas las gestiona el Servlet Dispacher (usando SRP) de forma transparente el LibroController solo se encarga de cargar datos y enviarlos a la vista. Para ello hacemos uso del siguiente método:

Código 15.5: (LibroController.java)

```java
@GetMapping("/listalibros")
public String listaLibros(Model model) {
        model.addAttribute("listaLibros",listaLibros);
        model.addAttribute("listaCategorias",listaCategorias);
        return "listalibros";
}
```

Este método usa un objeto propietario de Spring que se denomina Model para pasar los datos a la vista de la misma forma que lo hacía en capítulos anteriores el request.setAttribute . Eso si con la ventaja de que todo es mas sencillo y mas LIM. Una vez que tenemos configurado el controlador nos queda por ver la vista "listalibros" que por defecto debe incluir extensión html y se encuentra ubicada en la carpeta de templates.

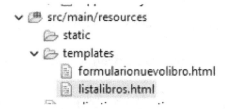

Esta vista tiene una sintaxis de thymeleaf:

Código 15.6: (listalibros.html)

```html
<html xmlns:th="http://www.thymeleaf.org">
<head>
<meta charset="UTF-8">
<title>Listado de Libros</title>
</head>
<body>
<form action="/controlador/filtrocategoria" method="post">
<select name='idCategoria'>
        <option th:each="categoria : ${listaCategorias}"
 th:value="${categoria.id}" th:text="${categoria.nombre}"></option>
</select>
<input type="submit" value="filtrar"/>
</form>
<h2>Listado de Libros</h2>
<table border='1'>
        <tr>
                <th>ISBN</th>
                <th>Título</th>
```

```
              <th>Categoría</th>
        </tr>

        <tr th:each="libro : ${listaLibros}" >
                <td th:text="${libro.isbn}"></td>
                <td th:text="${libro.titulo}"></td>
                <td th:text="${libro.categoria.nombre}"></td>
        <td>
<a th:href="@{/controlador/borrarlibro(isbn=${libro.isbn})}">
borrar</a></td>
        </tr>
        </table>
        <a href="/controlador/formularionuevolibro">Nuevo</a>
</body>
</html>
```

Como podemos ver se usan cuatro atributos:

- th:text : Que imprime un valor en la propia etiqueta
- th:each : Que ejecuta un bucle for
- th:href: Genera un link con parámetros
- th:value: Asigna un valor al option del select

Es momento de solicitar la url : http://localhost:8080/controlador/listalibros

El resultado será idéntico al que teníamos anteriormente con los Servlets pero construido todo con Spring Boot y un Controlador con @Controller .

Comandos vs Controllers

En el modelo MVC2 o de FrontController hemos diseñado un Controlador que se encarga de recibir todas las peticiones y delega en Comandos que las ejecutan.

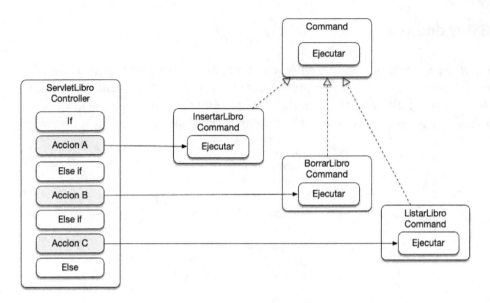

En estos momentos la estructura que tenemos es un poco diferente ya que tenemos un ServletDispatcher que hace de controlador frontal y se encarga del request, response etc y delega en un LibroController de Spring (@Controller)

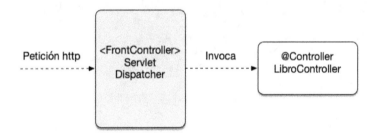

Esta operativa es muy transparente para nosotros como desarrolladores pero ayuda a simplificar la forma e construir los controladores que pasan a ser muy sencillos. Es momento de usar el principio GSR y agrupar toda la funcionalidad que esta en un grupo de comandos muy relacionados dentro del mismo controlador.

OCP GSR y dudas

Muchas personas me comentan que entienden perfectamente como funciona el principio OCP a nivel de Servlets y FrontController ya que el FrontController se encarga de recibir todas las peticiones y las reenvía a los comandos permitiendo una mayor extensibilidad . Vamos extendiendo según añadimos comandos.

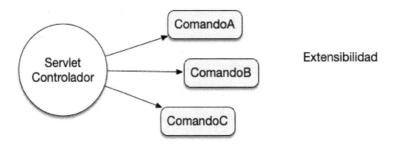

En cambio en Spring Boot las cosas son un poco diferentes .Hay que añadir la anotación @Controller a cualquier clase y sus @RequestMapping para que Spring Boot asuma que extendemos la funcionalidad y añade nuevas URLs a la aplicación

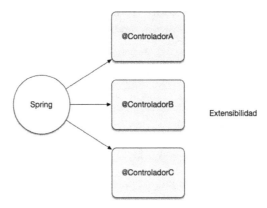

No hace falta cambiar nada de lo ya existente simplemente es cuestión de añadir mas controladores. Por lo tanto seguimos cumpliendo con el principio OCP

OCP y GSR

Es momento de usar el principio GSR y agrupar todas las responsabilidad relacionadas dentro del mismo controlador y eliminar las acciones compactando el código y mejorando la organización. Vamos a ir explicando uno a uno el resto de métodos que irá en el LibroController:

Metodo formularioNuevoLibro:

Este método será el encargado de cargar la lista de categorías a través del objeto model y redirigirnos al html de formularionuevolibro. Veamos su código:

Código 15.7: (LibroController.java)

```java
@GetMapping("/formularionuevolibro")
public String formularioNuevoLibro (Model model) {
        model.addAttribute("listaCategorias",listaCategorias);
        return "formularionuevolibro";
}
```

Como se puede observar es muy sencillo . Se encarga de enviarnos a formularionuevolibro.html cargando la lista de categorías no tiene más.

Metodo insertarLibro

Este metodo se encarga de recibir los datos por Post y usa una clase LibroForm para mapear los datos para luego salvarlos en la lista en memoria. La clase LibroForm es una clase sencilla con get y set.

Código 15.8: (LibroController.java)

```java
@PostMapping("/insertarlibro")
public String insertarLibro (Model model, @ModelAttribute LibroForm libroForm) {

Optional<Categoria> oCategoria=
listaCategorias
.stream()
.filter(c->c.getId()==libroForm.getCategoria())
.findFirst();

if(oCategoria.isPresent()) {
 Libro libro= new Libro(libroForm.getIsbn(),libroForm.getTitulo(),oCategoria.get());
 listaLibros.add(libro);
}

model.addAttribute("listaLibros",listaLibros);
model.addAttribute("listaCategorias",listaCategorias);
return "listalibros";
}
```

El código usa Optinals de Java 8 para localizar la Categoria adecuada en la memoria. Una vez hecho esto crea un nuevo Libro le pasa los datos y la Categoria y lo añade a la lista.

Ademas usa @ModelAttribute para hidratar los datos que nos pasa el formulario html en el objeto libroForm

Metodo filtroCategoria :

Este método es bastante sencillo ya que recibe la categoría que queremos filtrar y usa un Stream para seleccionar los Libros que están en dicha categoría. Hecho esto carga la lista de categorías y los libros filtrados en el model para que se muestre en la vista

Código 15.9: (LibroController.java)

```java
@PostMapping("/filtrocategoria")
public String filtrocategoria(Model model, @RequestParam int idCategoria) {

        List<Libro> listaFiltrada=listaLibros.stream().
        filter((l)>l.getCategoria().getId()==idCategoria).toList();
        model.addAttribute("listaLibros",listaFiltrada);
        model.addAttribute("listaCategorias",listaCategorias);
        return "listalibros";

}
```

Metodo BorrarLibro

Este método es muy sencillo ya que se encarga de borrar un libro de la lista que tenemos en memoria. Para ello usa el método remove.

Código 15.10: (LibroController.java)

```java
@GetMapping("/borrarlibro")
public String borrarlibro (Model model, @RequestParam String isbn) {

        listaLibros.remove(new Libro(isbn));
        model.addAttribute("listaCategorias",listaCategorias);
        model.addAttribute("listaLibros",listaLibros);
        return "listalibros";
}
```

Vamos a ver ahora por finalizar la clase completa:

Código 15.11: (LibroController.java)

```java
package com.arquitecturajava.controllers;

// omitimos imports
@Controller
@RequestMapping("/controlador")
public class LibroController {

List<Libro> listaLibros= new ArrayList<Libro>();
List<Categoria> listaCategorias= new ArrayList<Categoria>();

public LibroController() {
        listaLibros.add(new Libro("1D","PHP", new Categoria(1,"programacion")));
        listaLibros.add(new Libro("2D","Java",new Categoria(2,"web")));
        listaCategorias.add(new Categoria(1,"programacion"));
        listaCategorias.add(new Categoria(2,"web"));

}
@GetMapping("/listalibros")
public String listaLibros(Model model) {
        model.addAttribute("listaLibros",listaLibros);
        model.addAttribute("listaCategorias",listaCategorias);
        return "listalibros";
}

@PostMapping("/filtrocategoria")
public String filtrocategoria(Model model, @RequestParam int idCategoria) {

List<Libro> listaFiltrada=listaLibros.stream().filter((l)->
l.getCategoria().getId()==idCategoria).toList();
model.addAttribute("listaLibros",listaFiltrada);
model.addAttribute("listaCategorias",listaCategorias);
return "listalibros";


}
@GetMapping("/formularionuevolibro")
public String formularioNuevoLibro (Model model) {
        model.addAttribute("listaCategorias",listaCategorias);
        return "formularionuevolibro";
}
@PostMapping("/insertarlibro")
public String insertarLibro (Model model, @ModelAttribute LibroForm libroForm){

Optional<Categoria> oCategoria=listaCategorias
.stream().filter(c-> c.getId()==libroForm.getCategoria()).findFirst();
if(oCategoria.isPresent()) {
        Libro libro= new Libro(libroForm.getIsbn(),libroForm.getTitulo()
        ,oCategoria.get());
         listaLibros.add(libro);
}
```

```
model.addAttribute("listaLibros",listaLibros);
model.addAttribute("listaCategorias",listaCategorias);
return "listalibros";
}

@GetMapping("/borrarlibro")
public String borrarlibro (Model model, @RequestParam String isbn) {

        listaLibros.remove(new Libro(isbn));
        model.addAttribute("listaCategorias",listaCategorias);
        model.addAttribute("listaLibros",listaLibros);
        return "listalibros";
        }
}
```

Resumen

En este capitulo hemos abordado el uso básico de Thymeleaf y de Spring Boot y sus controladores. Hemos visto como podemos combinar OCP y GSR dentro de un mismo controlador de Spring simplificando la aplicación . Cada una de estas tecnologías es grande y da para profundizar mucho esto ha sido una pequeña introducción que nos permita seguir la evolución de la aplicación.

Cupones:

Varias personas me han comentado que les falta conocimiento de Java 8 para abordar este capitulo , dejo un enlace a mi curso con un cupón de descuento:) lo puedes ejecutar pulsando en la url o copiándola.

https://cursos.arquitecturajava.com/p/java-8-lambdas-y-streams?coupon_code=LIBROJAVAVIP&product_id=1405778

Spring Boot y JPA

Hemos dado el salto importante en el capitulo anterior a la hora de migrar nuestra aplicación a Spring Boot . El conjunto de clases se ha reducido de forma importante usando el principio GSR y el OCP . Esto se puede entender también como LIM a nivel de código . Tenemos menos código con el que trabajar. Si mostramos los paquetes y las clases que necesitamos nos encontramos con muy pocas.

Estamos ante una situación muy precaria ya que tenemos todo en memoria . Es momento de dar un gran salto y migrar la aplicación a JPA con Spring Boot . Vamos a ver las listas de tareas que tenemos por delante.

Tareas:

1. Añadir el Starter de Spring Data JPA
2. Volver a añadir las anotaciones de JPA a las clases de modelo
3. Usar las anotaciones de @Repository y @PersistenceContext
4. Usar @Autowired en LibroService y LibroController

Spring Boot JPA Starter

El primer paso que tenemos que llevar a cabo es añadir al pom.xml el Starter de SpringData-JPA. Esto nos añadira todas las librerías que necesitamos para la correcta integración de Spring Boot con JPA.

Código 16.1: (pom.xml)

```
<dependency>
        <groupId>org.springframework.boot</groupId>
        <artifactId>spring-boot-starter-data-jpa</artifactId>
</dependency>
```

Aun así hay alguna cosa más que añadir a nivel de dependencias y en este caso estamos hablando del Driver de conexión a la base de datos.

Código 16.2: (pom.xml)

```
<dependency>
        <groupId>com.mysql</groupId>
        <artifactId>mysql-connector-j</artifactId>
</dependency>
```

Una cosa que no he comentado lo suficiente anteriormente es que en Spring Boot ni siquiera hace falta definir la versión de la mayor parte de las dependencias ya que Boot decide por ti . Es otro ejemplo de LIM (Conocimiento) . Necesitas saber menos para trabajar de forma comoda con Boot que con Spring clásico.

Spring boot integración de JPA

En el capitulo anterior hemos simplificado las clases del modelo para realizar una primera integración de nuestro código con Spring Boot . Es momento de volver a añadir las anotaciones de JPA tanto a Libro como a Categoria.

Código 16.3: (Categoria.java)

```java
@Entity
@Table(name="categorias")
public class Categoria {
        @Id
        private int id;
        private String nombre;
        @OneToMany(mappedBy="categorías")
        private List<Libro> libros= new ArrayList<Libro>();

... resto de codigo
}
@Entity
@Table(name="libros")
public class Libro {
        @Id
        private String isbn;
        private String titulo;
        @ManyToOne
        @JoinColumn(name="categorias_id")
...
}
```

Estas anotaciones las podemos volver a añadir ya que el Starter de Spring Data JPA añade todas las librerías de JPA que necesitamos incluidas las anotaciones de JPA.

En el diagrama de dependencias se puede observar como el Dtarter incluye el resto. Es momento de empezar a ver que cambios son necesarios a nivel de Spring Boot para incluir la capa de persistencia y los servicios.

LIM (Code) Repositorios y @Repository

Spring Framework se encarga de gestionar todas las dependencias entre clases . Es un framework de inversión de control e inyección de dependencias. Por lo tanto para saber como inyectar las dependencias y que clases se han de instanciar debe saber entre cuales puede elegir.

Para ello dispone de un sistema de anotaciones que registra diferentes clases para su posterior inyección . En donde @Component es la clase Padre y @Repository sirve para los repositorios pero tenemos algunas otras como @Controller o @Service que vamos a ir usando.

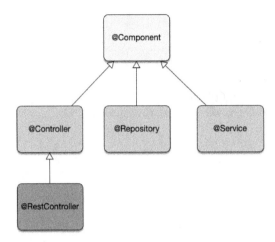

En nuestro caso el primer paso es abordar los repositorios y los cambios que tenemos que hacer en ellos para integrarlos con Spring Boot. En primer lugar vamos a ver LibroRepositoryJPA en su versión para Spring.

Código 16.4: (LibroRepositoryJPA.java)

```java
@Repository
public class LibroRepositoryJPA implements LibroRepository {
@PersistenceContext
EntityManager em;

public void insertar(Libro libro) {
        EntityTransaction t = em.getTransaction();
        t.begin();
        em.persist(libro);
        t.commit();
}
public List<Libro> buscarTodos() {
        return em.createQuery("select l from Libro l", Libro.class).getResultList();
}

public List<Libro> buscarTodosPorCategoria(int idCategoria) {
        TypedQuery<Libro> query = em.createQuery("select l from Libro l where
        l.categoria.id=:idCategoria",Libro.class);
        query.setParameter("idCategoria", idCategoria);
        return query.getResultList();
}

public void borrar(String isbn) {
        EntityTransaction t = em.getTransaction();
        t.begin();
        em.remove(em.merge(new Libro(isbn)));
```

```
        t.commit();

    }

}
```

Practicamente no hay cambios salvo la anotación @PersistenceContext que substituye al constructor que teníamos del EntityManagerFactory . Esta anotación se encarga de iniciar el EntityManagerFactory e inyectar a nivel de Spring un EntityManager en la clase de Repositorio. El resultado es que el código a nivel de inicialización queda mas compacto.

Antes:

Código 16.5: (LibroRepositoryJPA.java)

```
public class LibroRepositoryJPA implements LibroRepository {
        EntityManager em;
        public LibroRepositoryJPA() {


                EntityManagerFactory emf =
                Persistence.createEntityManagerFactory("biblioteca");
                em = emf.createEntityManager();


        }
..resto de codigo
}
```

Ahora:

Código 16.6: (LibroRepositoryJPA.java)

```
@Repository
public class LibroRepositoryJPA implements LibroRepository {

        @PersistenceContext
        EntityManager em;

...resto del codigo
}
```

Este es un ejemplo de como usar LIM (Less Is More) a nivel del código a construir. Si la nueva solución implica menos código y hace lo mismo estamos en el buen camino y hemos usado LIM de la forma adecuada. Recordemos que es importante no perder funcionalidad ya que LIM Code nos reduce el código pero nos mantiene las operaciones que podemos realizar.

GSR Spring y persistence.xml

Una pregunta que uno se puede hacer ahora es : ¿Donde se ubica la configuración de conectividad a nivel de la base de datos?. Recordemos que hasta ahora en nuestra aplicación se encontraba en el persistence .xml

Código 16.7: (persistence.xml)

```xml
<?xml version="1.0" encoding="UTF-8" standalone="yes"?>
<persistence version="3.0" xmlns="https://jakarta.ee/xml/ns/persistence"
        xmlns:xsi="http://www.w3.org/2001/XMLSchema-instance"
        xsi:schemaLocation="https://jakarta.ee/xml/ns/persistence
        https://jakarta.ee/xml/ns/persistence/persistence_3_0.xsd">

  <persistence-unit name="biblioteca">
   <properties>
    <property name="jakarta.persistence.jdbc.driver" value="com.mysql.cj.jdbc.Driver" />
    <property name="jakarta.persistence.jdbc.url"
value="jdbc:mysql://localhost:3306/biblioteca2" />
    <property name="jakarta.persistence.jdbc.user"  value="root" />
    <property name="jakarta.persistence.jdbc.password" value="" />

    <property name="hibernate.dialect"   value="org.hibernate.dialect.MySQLDialect" />
   <property name="hibernate.show_sql"  value="true" />
     <!--  <property name="hibernate.format_sql" value="true" />-->
   </properties>
  </persistence-unit>
</persistence>
```

Spring Boot aporta un fichero de configuración que se denomina application.properties que realiza la misma función.

Vamos a mostrar su contenido:
Código 16.8: (application.properties)

```
spring.datasource.url=jdbc:mysql://localhost:3306/biblioteca2
spring.datasource.username=root
spring.datasource.password=
spring.datasource.driver.class=com.mysql.jdbc.Driver
```

El contenido es similar pero algo mas compacto y configura de forma automatica la conectividad para la aplicación de Spring Boot. No solo eso sino que en este fichero podemos configurar cualquier otro tema adicional de Spring Boot como puede ser el puerto de arranque de la aplicación.

```
server.port=8081
```

Este es otro ejemplo del principio de GSR (Group Same Responsability) que hace referencia a agrupar dentro del mismo lugar las mismas responsabilidades . En este caso la responsabilidad de configuración.

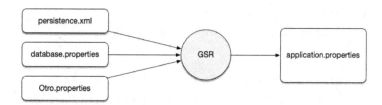

Acabamos de ver como configurar la capa de persitencia con Spring Boot lo cual la deja de entrada mas simplificada. Es momento de abordar los Servicios.

@Service y Repositorios

Vamos a ver el código de esta clase ya que no cambia mucho respecto a la que teníamos.

Código 16.10: (LibroService.java)

```java
@Service
public class LibroService {

        private LibroRepository libroRepository;
        private CategoriaRepository categoriaRepository;

        public Categoria buscarUnaCategoria(int id) {
                return categoriaRepository.buscarUnaCategoria(id);
        }
        public LibroService(LibroRepository libroRepository,
        CategoriaRepository categoriaRepository) {
                super();
                this.libroRepository = libroRepository;
                this.categoriaRepository = categoriaRepository;
```

```
        }
        public void insertar(Libro libro) {
                libroRepository.insertar(libro);
        }
        public List<Libro> buscarTodos() {
                return libroRepository.buscarTodos();
        }
        public List<Libro> buscarTodosPorCategoria(int idCategoria) {
                return libroRepository.buscarTodosPorCategoria(idCategoria);
        }

        public void borrar(String isbn) {
                libroRepository.borrar(isbn);
        }
        public List<Categoria> buscarTodasLasCategorias() {
                return categoriaRepository.buscarTodasLasCategorias();
        }
}
```

La clase incluye la anotación de @Service y usa el constructor para inyectar las
dependencias de los repositorios que recordemos están anotados con @Repository. De
igual forma se podría haber usado @Autowired para inyectar las dependencias.
Tenemos completamente configurada la clase de Servicio nos queda solamente el
controlador. En el usaremos @Autowired para ver dos opciones de inyectar diferentes.

Código 16.11: (LibroController.java)

```
@Controller
@RequestMapping("/controlador")
public class LibroController {

@Autowired
private LibroService servicio;

public LibroController() {

}
@GetMapping("/listalibros")
public String listaLibros(Model model) {
model.addAttribute("listaLibros",servicio.buscarTodos());
        model.addAttribute("listaCategorias",servicio.buscarTodasLasCategorias());
                return "listalibros";
}

@PostMapping("/filtrocategoria")
public String filtrocategoria(Model model, @RequestParam int idCategoria) {

        List<Libro> listaFiltrada=servicio.buscarTodosPorCategoria(idCategoria);
        model.addAttribute("listaLibros",listaFiltrada);
```

```
        model.addAttribute("listaCategorias",servicio.buscarTodasLasCategorias());
        return "listalibros";

}

@GetMapping("/formularionuevolibro")
public String formularioNuevoLibro (Model model) {

        model.addAttribute("listaCategorias",servicio.buscarTodasLasCategorias());
        return "formularionuevolibro";
}


@PostMapping("/insertarlibro")
public String insertarLibro (Model model, @ModelAttribute LibroForm libroForm) {
        Categoria categoria=servicio.buscarUnaCategoria(libroForm.getCategoria());

Libro libro= new Libro(libroForm.getIsbn(),libroForm.getTitulo(),categoria);
        servicio.insertar(libro);
        model.addAttribute("listaLibros",servicio.buscarTodos());
        model.addAttribute("listaCategorias",servicio.buscarTodasLasCategorias());
        return "listalibros";

}

@GetMapping("/borrarlibro")
public String borrarlibro (Model model, @RequestParam String isbn) {

        servicio.borrar(isbn);
        model.addAttribute("listaLibros",servicio.buscarTodos());
        model.addAttribute("listaCategorias",servicio.buscarTodasLasCategorias());
        return "listalibros";
        }
}
```

La clase simplemente deja de usar las listas en memoria y pasa a usar la clase de servicio
para persistir la información en la base de datos . Hemos usado Spring como framework
de inversión de control y a través de anotaciones hemos inyectado dependencias
incluyendo JPA.

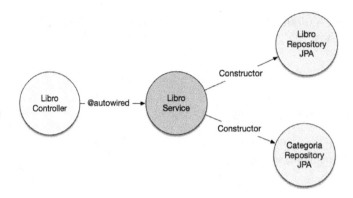

Resumen

Hemos terminado de hacer una primera migración de nuestra apliacion a Spring Boot viendo como hace uso del principio LIM a nivel de código y del principio GSR a nivel de ficheros.

AOP y LIM

En el capítulo anterior hemos visto como usar el principio de inyección de dependencia que nos permite centralizar la responsabilidad de crear objetos en el framework Spring. Esto integra nuestros controllers , services y repositories dentro de Spring Boot. Hemos usado dos tipos de inyección de dependencia @Autowired y constructores . Ya tenemos una aplicación operativa a nivel web. Es momento de abordar temas mas avanzados como programación orientada a aspecto o AOP que nos permitan simplificar las cosas y mejorar LIM Code.

Objetivos:

- Ver los fundamentos de la Programación Orientada a Aspecto

Tareas:

1. Introducción a AOP.
2. El patrón Proxy.
3. Spring y Proxies.
4. Spring y Proxies dinamicos.
5. Tipos de proxy.
6. Configuración de proxies con spring

Transacciones y problemas

En el capítulo anterior hemos utilizado la clase LibroRepositorioJPA para realizar varias operaciones de persistencia sobre la entidad Libro. Concretamente hay dos que destacan insertar y borrar ya que implican gestión transaccional. Vamos a ver ambas:

Código 17.1: (LibroRepository.java)

```
@Override
public void insertar(Libro libro) {
        EntityTransaction t = em.getTransaction();
        t.begin();
        em.persist(libro);
        t.commit();
}

@Override
public void borrar(String isbn) {
        EntityTransaction t = em.getTransaction();
        t.begin();
        em.remove(em.merge(new Libro(isbn)));
        t.commit();

}
```

Parece que es imposible simplificar mas el código que tenemos .Incluso podría ser que se complica algo mas si gestionamos los rollback. Pero por ahora vamos a mantenernos con lo que tenemos construido.

AOP LIM y Gestion Transaccional

Ahora mismo cada método se ejecuta dentro de una transacción y el código resulta un poco repetitivo sobre todo si añadiéramos operaciones como editar , borrar muchos etc . Esto es extensible al resto de clases que se construyan.

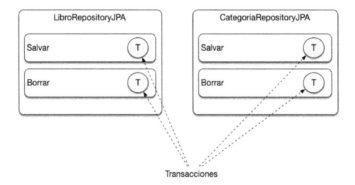

No solo eso sino que cada transacción esta completamente aislada y es independiente del resto . Es decir si desde la clase LibroService borrara 10 libros de golpe (borrando una lista de libros) . Si algunos de los borrados fallaran al borrarlos no ejecutaríamos un rollback y la operación quedaría parcialmente completada. Unos se borrarían y otros no. Es momento de avanzar en la gestión transaccional usando AOP

Introducción a AOP

En estos momentos cada uno de los métodos de nuestras clases se encarga de gestionar la persistencia y de forma independiente la transaccion . La pregunta que nos tenemos que hacer es si el concepto de persistencia y el concepto de transaccionalidad son conceptos idénticos o no lo son y entonces la clase no cumple con el principio SRP.

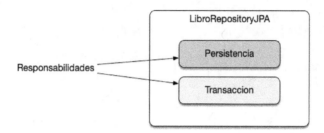

Parece una pregunta muy difícil de resolver pero imaginemos que tenemos la clase Libro y la clase Capitulo . Cuando insertarmos un Libro lo insertamos con sus capítulos y cuando lo borramos borramos también los capítulos .

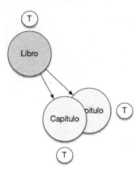

No podemos dejar Capitulos sin Libro. Por lo tanto la responsabilidad de Transaccionalidad no pertenece a una clase contreta sino que esta compartida entre varias. Debemos extraer esta responsabilidad.

El concepto de Proxy

No parece sencillo realizar esta operación ya que si extraemos la responsabilidad de nuestras clases, no podremos ejecutar los métodos de forma transaccional ya que no dispondrán de esa capacidad. Para solventar este problema vamos a tener que explicar el concepto de Proxy y como se combina con el concepto de factoria. Para ello vamos a partir del interface Mensaje que tiene un método hola.

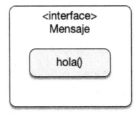

Vamos a ver su código:

Código 17.2: (Mensaje.java)

```
public interface Mensaje {

        public void hola();
}
```

Es momento de crear una clase que implemente el interface

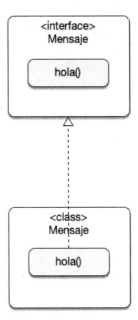

Código 17.3: (MensajeNormal.java)

```java
public class MensajeNormal implements Mensaje {

        @Override
        public void hola() {
                System.out.println("soy el mensaje de hola :)");

        }

}
```

Vamos a crear una clase Principal que se encargue de ejecutar nuestra clase de mensaje.

Código 17.4: (Principal.java)

```java
public class Principal {

        public static void main(String[] args) {
                Mensaje m= new MensajeNormal();
                m.hola();
        }
}
```

El resultado será el siguiente :

```
soy el mensaje de hola :)
```

¿Cómo podemos modificar y añadir comportamiento al mensaje sin modificar el código de la clase existente?. Es decir queremos añadir nuevas responsabilidades sin modificar el código actual. Parece una tarea imposible . Pero es mas sencillo de lo que en un primer momento uno piensa. Vamos a ir paso a paso:

Crear una Factoria que instancie la clase Mensaje:

Vamos a crearnos una clase Factoria que instancie un objeto Mensaje para tener un mayor control sobre como se construye el objeto:

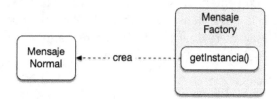

Vamos a ver su código:

Código 17.5: (MensajeFactory.java)

```
public class MensajeFactory {

        public static Mensaje getInstancia() {

                return new MensajeNormal();
        }
}
```

Una vez hecho esto podemos cambiar el programa principal para usar la Factoria y crear el mensaje a través de ella:

Código 17.6: (Principal2.java)

```
public class Principal2 {
        public static void main(String[] args) {
                Mensaje m= MensajeFactory.getInstancia();
                m.hola();
        }
}
```

El resultado en la consola será el mismo :

```
soy el mensaje de hola :)
```

El patrón Proxy

Este patrón hace las tareas de intermediario entre un objeto y su cliente permitiendo controlar el acceso a el añadiendo o modificando la funcionalidad existente de forma transparente. Normalmente se una combinado con una Factoria. Este es otro de los patrones principales que usa el framework Spring en muchos lugares tanto a nivel de transaccionalidad, Seguridad, Cache etc.

Sin embargo cuesta mucho entender su comportamiento y como funciona. Vamos a ver un ejemplo sencillo con la clase Mensaje y la Factoria. Para ello nos construiremos un MensajeProxy. Esta clase va a realizar tareas de intemediario entre el programa principal y la clase Mensaje Real.

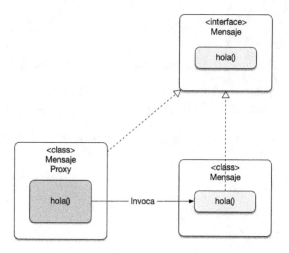

Es momento de ver su código :

Código 17.7: (MensajeProxy.java)

```java
public class MensajeProxy implements Mensaje {

        private Mensaje mensaje;
        public MensajeProxy(Mensaje mensaje) {
                super();
                this.mensaje = mensaje;
        }
        @Override
        public void hola() {

                System.out.println("soy el proxy antes del mensaje");
                mensaje.hola();
                System.out.println("soy el proxy despues del mensaje");

        }
}
```

El código es muy sencillo el Proxy recibe un objeto de tipo Mensaje y se encarga de invocarlo , pero antes y después añade comportamiento adicional. Es momento de modificar la factoria y que cuando se invoque al método getInstancia() nos devuelva un Proxy y no directamente el objeto real.

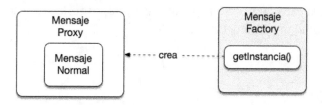

Código 17.8: (MensajeFactory.java)

```java
public class MensajeFactory {

        public static Mensaje getInstancia() {

                return new MensajeProxy( new MensajeNormal());
        }
}
```

Es momento de ver el código del programa principal y darnos cuenta de que este código no cambia.

Código 17.9: (Principal.java)

```java
public class Principal {

        public static void main(String[] args) {
                Mensaje m= new MensajeNormal();
                m.hola();
        }
}
```

Sin embargo cuando se ejecuta el programa el comportamiento ha cambiado por completo acabamos de añadir comportamiento dinamico a la clase sin tocar su contenido.

```
soy el proxy antes del mensaje
soy el mensaje de hola :)
soy el proxy despues del mensaje
```

Esta funcionalidad es la que queremos implementar a nivel de Spring Framework cuando utilizamos transacciones.

Usando Proxies con Spring

Ahora bien si volvemos a nuestra aplicación e intentamos realizar un símil nos daremos cuenta que toda la capa de Vontrollers Services y Repositories esta creada a través del de Spring Boot como muestra el diagrama

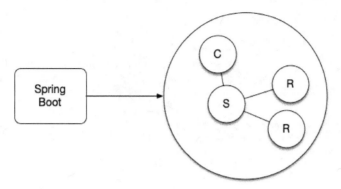

Por lo tanto al ser Spring una factoria podría construir un Proxy para cada uno de los objetos creados en memoria de tal forma que sean estos Proxies los encargados de aglutinar la responsabilidad relativa a las transacciones (funcionalidad adicional). La siguiente figura muestra que todos los objetos disponen de un Proxy a través del cual se accede a ellos.

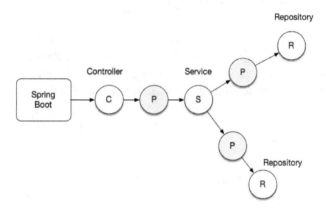

Ahora bien aunque podamos usar el framework Spring para que cada uno de nuestros objetos disponga de un Proxy con el cual gestionar las transacciones tenemos el problema de crear una clase Proxy por cada una de las clases que de Servicio y Repository. Esto parece una tarea realmente titanica ya que en una aplicación podemos tener cientos de clases de Servicio o Repository.

Sin embargo Spring posee la capacidad de generar dinamicante proxies basándose en las clases ya existentes sin tener que escribir **una sola línea de código** estos proxies son especiales y se les denomina **proxies dinámicos** ya que son creados en *tiempo* de ejecución . A continuación se muestra una imagen de los Proxies.

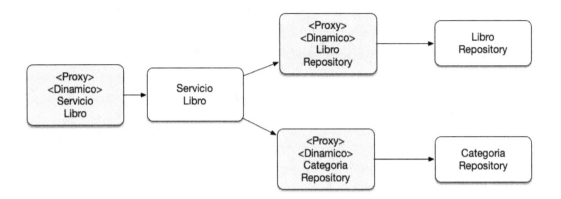

Estos tipos de proxies quedan asociados a los objetos reales .El proceso de construcción de un proxy es automatico . Una vez que las clases se anotan como @Service @Controller o @Repository.

@Service @Repository @Controller y Aspectos

Por lo tanto con Spring podemos crear el conjunto de objetos que necesitemos y asignarles a todos un proxy de forma automática .Una vez hecho esto cada vez que una aplicación cliente desee acceder a un objeto determinado el Proxy actuara de intermediario y añadirá la funcionalidad adicional que deseemos como se muestra en la siguiente imagen.

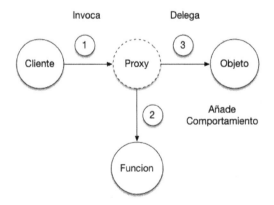

Esta funcionalidad adicional que añadimos a través del proxy es comúnmente conocida como Aspecto y es compartida habitualmente por varios Proxies como se muestra en la figura.

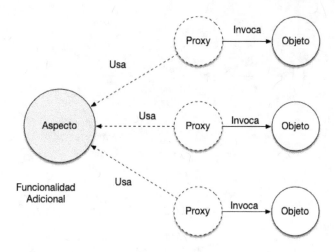

Una vez que tenemos claro que el framework Spring puede generar estos proxies debemos decidir que tipo de Proxy queremos.Ya que Spring soporta varios :

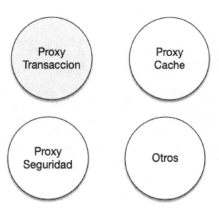

@Transactional , Aspectos y Proxies

En nuestro caso vamos a definir proxies par que nos ayuden a gestionar las transacciones entre las distintas invocaciones a los métodos de la capa de persistencia. Por ello elegiremos los proxies de transacción que serán los encargados de ejecutar la funcionalidad relativa a las transacciones como se muestra en la siguiente figura.

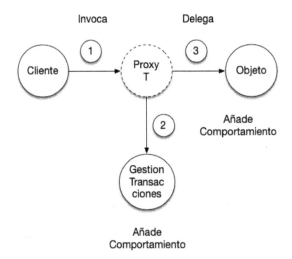

Esto puede parecer muy complicado pero con el paso de los años se ha simplificado mucho y basta con añadir a los métodos de los Servicios y Repositorios la anotación @Transactional.

Código 17.10: (LibroRepositoryJPA.java)

```
@Transactional
public void insertar(Libro libro) {
        em.persist(libro);

}
```

Ya no hace falta empezar una transacción con JPA , Spring Boot se encargará de todo añadiendo esta anotación el código se reduce con claridad soportando transacciones distribuidas entre varios métodos. Recordemos que teníamos anteriormente algo mas complejo.

Código 17.11: (LibroRepositoryJPA.java)

```
public void insertar(Libro libro) {
        EntityTransaction t = em.getTransaction();
        t.begin();
        em.persist(libro);
        t.commit();
}
```

Una vez que disponemos de las anotaciones que marcan los métodos que soportan transacciones. Es momento para mostrar como Spring se encarga de que una transacción atómica se ejecute entre varios métodos a través del uso de un conjunto de proxies los cuales comparten el mismo objeto conexión. Para ello nos tocara anotar también los métodos del Servicio.

Código 17.12: (LibroService.java)

```java
@Transactional
public void insertar(Libro libro) {
        libroRepository.insertar(libro);
}
```

Es momento de mostrar un diagrama aclaratorio que nos explique como los Proxies transaccionales son capaces de compartir la conexión entre las diferentes invocaciones a los métodos de persistencia . De esta manera el servicio puede iniciar una transacción y los repositorios finalizarla.

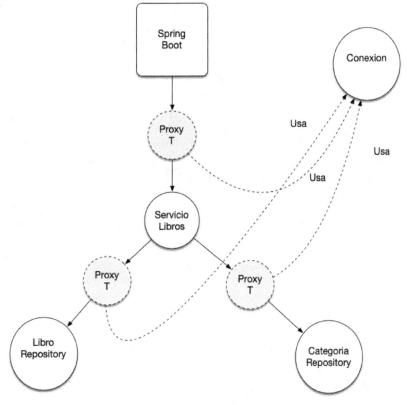

Resumen

En este capítulo hemos añadido una gestión transaccional transparente y distribuida entre los distintos métodos de la capa de servicio y cada de Repositorio usando programación orientada a aspecto y un gestor transacional. Simplificando sobre manera como sería la gestión transacional que habría que haber desarrollado en una programación clasica.

Cupon

Para profundizar en el conocimiento de Spring Boot te recomiendo mi curso de Spring Boot :

https://cursos.arquitecturajava.com/p/spring-boot-3?coupon_code=LIBROJAVAVIP&product_id=4429418

Spring Data LIM Code y Knowledge

En los últimos capítulos nos hemos centrado en el uso de Spring para mejorar y simplificar la construcción de la capa de persistencia y de servicios de nuestra aplicación. Pero nos hemos mantenido siempre en Spring y Spring Boot como frameworks de inyección de dependencia , AOP e inversión de control .No hemos sacado ningún partido al uso de Spring Data que lo hemos instalado como dependencia y nos puede generar una capa de repositorios de forma automática si lo deseamos . Vamos a migrar nuestra capa de repositorios a Spring Data.

Objetivos:

- Migrar la aplicación a Spring Data

Tareas:

1. El concepto de Generic Repository
2. Spring Data Query Methods
3. Servicios y Repositorios

En este momento si nos fijamos en nuestra aplicación disponemos de métodos como buscarUno que están en ambos repositorios y se encuentran mas o menos repetidos.

Código 18.1:

```
public Categoria buscarUno (int id) {
        return em.find(Categoria.class, id);
}
public Libro buscarUno(String isbn) {
        return em.find(Libro.class, isbn);
}
```

Son métodos muy similares que podrían refactorizarse en una clase padre que sea genérica y se denomine GenericJPARepository o algo similar.

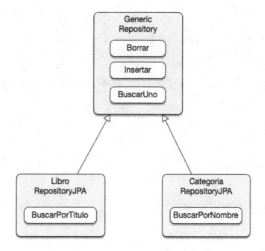

Spring Data y Generic Repository

En nuestro caso cuando trabajamos con Spring Data que es un framework de Repositorios este ya por defecto se encarga de diseñar un repositorio Genérico que disponga de todas las operaciones fundamentales . Eso si no se trata de una clase sino de un interface. Ya que Spring Data a partir de los interfaces es capaz de crear clases de forma dinámica . Estamos ante un ejemplo de (LIM CODE). Por lo tanto para poder trabajar bastara que nuestros interfaces LibroRepository y CategoriaRepository extiendan de JPARepository que es el Repositorio Standard de Spring data para JPA. Esto hará que no nos haga falta implementar ninguna clase concreta como se muestra en la imagen:

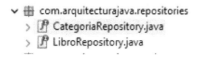

Es momento de ver un poco el código de los interfaces y como extienden del interface genérico de Spring Data (JPA Repository).

Código 18.2 (CategoriaRepository.java)

```
package com.arquitecturajava.repositories;
```

```
import org.springframework.data.jpa.repository.JpaRepository;
import com.arquitecturajava.models.Categoria;

public interface CategoriaRepository extends JpaRepository<Categoria,Integer>{

}
```

Código 18.3 (LibroRepository.java)

```
package com.arquitecturajava.repositories;
import java.util.List;
import org.springframework.data.jpa.repository.JpaRepository;
import com.arquitecturajava.models.Libro;

public interface LibroRepository extends  JpaRepository<Libro, String>{

        public List<Libro> findByCategoria(int Categoria);
}
```

Como podemos ver estos repositorios asumen un cambio importante y extienden de JpaRepository que es el repositorio generico.

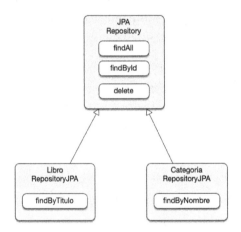

Una vez que tenemos el repositorio Generico podemos acceder a los métodos comunes como :

- findAll
- findById
- delete
- save

Spring Data Query Methods

Lamentablemente no será suficiente con estos métodos ya que siempre hay que hacer consultas adicionales. Spring Data a nivel básico dispone de la posibilidad de generar métodos en el interface con el findBy y el nombre del campo o campos que queramos buscar.

Código 18.4 (LibroRepository.java)

```java
public interface LibroRepository extends  JpaRepository<Libro, String>{

        public List<Libro> findByCategoria(int Categoria);
}
```

En este caso hemos añadido un findByCategoria y le hemos pasado el identificador . Spring Data de forma automática construira la consulta de JPA asociada . No nos es necesario conocer en un principio JPA tan a detalle. Es un ejemplo de LIM aplicado al Conocimiento (Knowlegde) . Sabiendo poco se puede trabajar en aplicaciones sencillas de Spring Data no hace falta ser experto de JPA para algo básico podemos escribir los métodos find y no hace falta más

Spring Data y Servicios

Al cambiar completamente los métodos fundamentales de los repositorios de buscar a find y de insertar a save etc . Deberemos actualizar el LibroService para que se adapte a la nueva generación de repositorios.

Código 18.5 (LibroRepository.java)

```java
import java.util.List;
import java.util.Optional;
import org.springframework.stereotype.Service;

import com.arquitecturajava.models.Categoria;
import com.arquitecturajava.models.Libro;
import com.arquitecturajava.repositories.CategoriaRepository;
import com.arquitecturajava.repositories.LibroRepository;

@Service
public class LibroService {

        private LibroRepository libroRepository;
        private CategoriaRepository categoriaRepository;


        public Optional<Categoria> buscarUnaCategoria(int id) {
```

```
                    return categoriaRepository.findById(id);
        }
        public LibroService(LibroRepository libroRepository, CategoriaRepository
categoriaRepository) {
                super();
                this.libroRepository = libroRepository;
                this.categoriaRepository = categoriaRepository;
        }
        public void insertar(Libro libro) {
                libroRepository.save(libro);
        }
        public List<Libro> buscarTodos() {
                return libroRepository.findAll();
        }
        public List<Libro> buscarTodosPorCategoria(int idCategoria) {
                return libroRepository.findByCategoria(idCategoria);
        }
        public void borrar(String isbn) {
                libroRepository.deleteById(isbn);
        }
        public List<Categoria> buscarTodasLasCategorias() {
                return categoriaRepository.findAll();
        }


}
```

Los cambios no son muy significativos salvo el uso de Optionals en
buscarUnaCategoria(). Esto hará tambien que tengamos que modificar ese metodo a
nivel del controlador para asumir el manejo de Optionals.

Código 18.6 (LibroController.java)

```
@PostMapping("/insertarlibro")
public String insertarLibro(Model model, @ModelAttribute LibroForm libroForm) {
Optional<Categoria> categoria = servicio.buscarUnaCategoria(libroForm.getCategoria());
if (categoria.isPresent()) {
        Libro libro = new Libro(libroForm.getIsbn(),
 libroForm.getTitulo(), categoria.get());
        servicio.insertar(libro);

}

model.addAttribute("listaLibros", servicio.buscarTodos());
model.addAttribute("listaCategorias", servicio.buscarTodasLasCategorias());
return "listalibros";

}
```

Resumen

En este capítulo hemos añadido Spring Data y sus Repositorios . La reducción del código es significativa y la reducción del conocimiento que necesitamos para trabajar también lo es. Es un ejemplo de LIM (Codigo) y LIM (Conocimiento)

Arquitecturas REST y OCP

En el capitulo anterior hemos migrado nuestra aplicación a Spring Data JPA y ya disponemos de unos repositorios muy sencillos de construir. Parece que tenemos la aplicación prácticamente terminada. Pero hoy por hoy tenemos que darnos cuenta de una cosa ,nuestra aplicación es simplemente una aplicación Web.

Por lo tanto cualquier navegador puede cargarla y mostrar los datos. Sin embargo muchas interfaces de usuario no tienen porque ser un navegador Web y necesitan nuestros datos no nuestro interface . Puede ser una aplicación móvil , puede ser una televisión puede ser una aplicación que necesita nuestros datos simplemente para generar ficheros . Nuestra aplicación no es ahora mismo extensible (abierta) para permitir que otras consuman su información y cambien por ejemplo el interface de usuario. Podemos usar el principio OCP no tanto a nivel de código sino a nivel de aplicación. Queremos que nuestra aplicación sea extensible (abierta) y pueda soportar otros interfaces de usuarios. Para ello deberemos diseñar un API REST que publique los datos puros en formato JSON.

Objetivos:

- Crear un API REST para la aplicación

Tareas:

1. Revision de Repositorios y Servicios
2. @RestController
3. GET BuscarUno y BuscarTodos
4. Get Filtrar por Categoria
5. DELETE
6. POST y PUT

@RestController y API REST

Es momento de añadir nueva funcionalidad a nuestra aplicación y que sea capaz de publicar los datos de forma pura . De tal manera que otras aplicaciones se puedan conectar a ella y obtener datos.

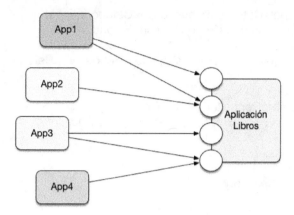

Para ello necesitaremos construir un RestController . Un Controlador que publique los datos en varias URLs de con un formato neutral como es JSON. Vamos a empezar a construirlo . Lo primero que haremos será incluir un nuevo package.

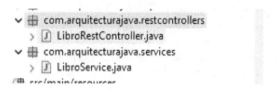

Una vez hecho esto necesitaremos modificar el LibroService para añadir algún método adicional que facilite la creación del servicio REST. Ya que el servicio REST debe soportar algunas operaciones adicionales básicas como buscarUno. Estas operaciones están a disposición de los Repositorios pero no del Servicio.

Código 19.1 (LibroService.java)

```
import java.util.List;
import java.util.Optional;

import org.springframework.stereotype.Service;
import org.springframework.transaction.annotation.Transactional;

import com.arquitecturajava.models.Categoria;
import com.arquitecturajava.models.Libro;
import com.arquitecturajava.repositories.CategoriaRepository;
import com.arquitecturajava.repositories.LibroRepository;
```

```
@Service
public class LibroService {

        private LibroRepository libroRepository;
        private CategoriaRepository categoriaRepository;


        public Optional<Categoria> buscarUnaCategoria(int id) {
                return categoriaRepository.findById(id);
        }
        public LibroService(LibroRepository libroRepository, CategoriaRepository
categoriaRepository) {
                super();
                this.libroRepository = libroRepository;
                this.categoriaRepository = categoriaRepository;
        }
        @Transactional
        public void insertar(Libro libro) {
                libroRepository.save(libro);
        }
        public List<Libro> buscarTodos() {
                return libroRepository.findAll();
        }
        public List<Libro> buscarTodosPorCategoria(Categoria categoria) {
                return libroRepository.findByCategoria(categoria);
        }

        @Transactional
        public void borrar(String isbn) {
                libroRepository.deleteById(isbn);
        }
        public List<Categoria> buscarTodasLasCategorias() {
                return categoriaRepository.findAll();
        }
        public Optional<Libro> buscarUnLibro(String id) {
                return libroRepository.findById(id);
        }
}
}
```

El servicio es muy similar pero añade algún método extra como buscarUnLibro para poder responder mejor a las diferentes peticiones REST que se soliciten. Es momento de empezar a construir los primeros métodos .

@GetMapping y@RestController

La anotación @GetMapping nos permite obtener los datos en formato JSON en la URL que solicitemos siempre y cuando tengamos definido el controlador como @RestController. Nosotros vamos a necesitar varios métodos que encajen que soliciten datos.

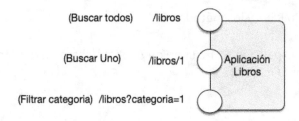

Como la imagen muestra necesitaremos al menos 3 urls

1. /libros : Busca todos los libros
2. /libros/1 :Busca un libro por isbn
3. /libros?categoria=1 : Filtra la lista de libros por categoría podría ser también por nombre

Vamos a verlo en código:

Código 19.2 (LibroRestController.java)

```java
@RestController
@RequestMapping("/webapi/libros")
public class LibroRestController {

@Autowired
private LibroService servicio;

@GetMapping
public List<Libro> buscarTodos() {
        return servicio.buscarTodos();

}

@GetMapping("/{isbn}")
public Optional<Libro> buscarUno(@PathVariable ("isbn") String isbn) {
return servicio.buscarUnLibro(isbn);

}

@GetMapping(params="categoria")
public List<Libro> filtroCategoria(@RequestParam int categoria) {

List<Libro> listaFiltrada = servicio
.buscarTodosPorCategoria(new Categoria(categoria));
return listaFiltrada;
}

...resto de código
}
```

Probando el servicio REST y los métodos GET

Vamos a realizar una petición GET a la url de /webapi/libros para obtener todos los libros. El navegador lo mostrara:

Nos quedan probar dos url más la primera selecciona un solo libro :/libros/1

La segunda filtra los libros por categoría /libros?categoria=1

RestController y @DeleteMapping

Es momento de añadir algunos métodos más dentro del servicio REST. En este caso vamos a abordar los borrados que se trata de una petición de delete y es muy sencilla.

Código 19.3 (LibroRestController.java)

```
@DeleteMapping
public void borrar(@RequestParam String isbn) {
```

```
            servicio.borrar(isbn);
}
```

Para que esta petición funcione deberemos enviar una solicitud de borrado con método delete algo similar a :

Código 19.4 (LibroRestController.java)

```
DELETE  http://localhost:8080/webapi/libros/1
```

Esta petición esta diseñada con Visul Studio Code REST Client

@PostMapping e Inserciones

El uso de @PostMapping es la opción elegida por Spring para poder insertar un nuevo recurso a nivel de REST.

Código 19.5(LibroRestController.java)

```
@PostMapping
public void insertar(@RequestBody Libro libro)
        servicio.insertar(libro);
}
```

Para insertar un nuevo libro tendremos que enviar los datos del libro y la categoría:

```
POST http://localhost:8080/webapi/libros
Content-Type: application/json

{
   "isbn":22,
   "titulo":"otro",
   "categoria": {
      "id":2
   }

}
```

Esto añadira un nuevo libro a la aplicación usando REST y JSON

Resumen

Ya tenemos una aplicación desarrollada a la cual nos podemos conectar desde cualquier tecnología. Cumpliendo con el principio OCP.

LIM vs LOK y Frameworks

Hemos usado ya muchos frameworks según avanzamos con la aplicación y es momento de hacer una pequeña parada en lo que principios de ingeniera se refiere y hacer una reflexión.

Usar el principio LIM (knowledge (conocimiento)) es muy importante en cualquier desarrollo . Si la tecnología que hay que conocer requiere poco esfuerzo será mucho más incorporable a nuestros desarrollos . Este principio se parece un poco al de encapsulación, se intenta reducir el conocimiento que uno necesita de una clase dada para trabajar con ella .

Complejidad vs Sencillez

Sin embargo mucha gente me pregunta . Claro si lo que hay que aprender es poco para poder empezar a trabajar ¿que tipo de aplicaciones podemos realizar?. En principio serán aplicaciones sencillas ... pero la realidad es que nosotros muchas veces necesitamos aplicaciones muy complejas. ¿Entonces cómo operar? . Para ello tenemos que hablar de LOK o (Level of Knowledge) . Este es un principio que aplicamos en nuestro vida cotidiana . El conocimiento tiene niveles , es así de sencillo . Por ejemplo tu puedes tener en nivel de ingles B1 o un B2 o un C1. Dependiendo del nivel de conocimiento podrás hacer unas cosas u otras. Eso también sucede en el software o en los Frameworks.

Ejemplos de LOK

Para entenderlo mejor vamos a poner varios ejemplos de LOK. Imaginemos que tenemos la televisión de casa . Junto a la televisión de casa disponemos de un mando que nos permite encender y apagar la television con solo dos botones:

Esta claro que el mando es sencillo y esta bien . Nos permite controlar la televisión de una manera básica . El problema es que a veces necesitamos controlar el video que se reproduce de una forma mucho más a detalle . Podemos entonces usar LOK y mover la tapa del mando para desplegar otros botones adicionales que nos permitan acceder a esta funcionalidad.

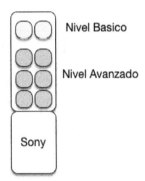

De esta manera podemos incrementar nuestras capacidades y abordar tareas más complejas. Nos puede parecer un principio extraño pero la realidad esta lleno de ejemplos de este estilo . Por ejemplo cuando usamos el móvil disponemos de una Calculadora para hacer operaciones.

Nivel 1

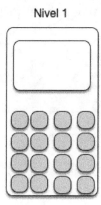

Estas operaciones son sumar, multiplicar etc . Ahora bien si giramos el móvil nos daremos cuenta que podemos acceder a la calculadora Cientifica que tiene muchas mas operaciones.

Nivel 2

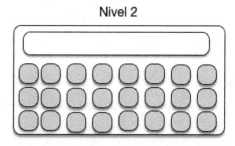

Es un ejemplo de LOK similar al anterior . El conocimiento se divide en niveles y accedemos a ellos según nuestras necesidades . No es necesario saberlo todo para empezar a trabajar . Con poder acceder al primer nivel es suficiente:

Frameworks y LOK

El éxito de los frameworks de cualquier tipo dependen mucho de este principio de Levels of Knowledge. Vamos a verlo un poco mas a detalle. Nosotros hasta este momento hemos manejado varios Frameworks

- Spring MVC (API REST e Interface Web)
- JPA (Persistencia)
- Spring Data (Repositorios)

Cualquiera de estos Frameworks admite trabajar más la solución que hemos construido para hacerla más profesional y más flexible si tenemos la necesidad. Veamoslo con cosas muy sencillas

Código 20.1 (LibroRestController.java)

```java
@PostMapping
public void insertar(@RequestBody Libro libro)
        servicio.insertar(libro);
}
```

Este es el método de insertar que es operativo pero una persona con experiencia nos diría que quizás fuera mejor usar la anotación de @ResponseStatus para que la respuesta devuelva un status code de 201 (nuevo recurso) en vez de un 200 (todo ha ido bien).

Código 20.2(LibroRestController.java)

```java
@PostMapping
@ResponseStatus(code=HttpStatus.CREATED)
public void insertar(@RequestBody Libro libro)
        servicio.insertar(libro);
}
```

Esta sería una solución que aporta mayor valor al Cliente y que deberíamos implementar en cualquier aplicación seria a nivel de REST. Otra alternativa es usar ResponseEntities.

JPA y LOK

JPA también permite realizar operaciones de este tipo e incrementar el valor de la aplicación con muchas cosas .Una cosa sencilla por ejemplo sería añadir @Cache a la clase de Categoria ya que estas nunca cambian y es interesante almacenarlas en la cache en memoria.

Spring Data y LOK

Los repositorios de Spring Data funcionan correctamente . Ahora bien cuando usamos los métodos findBy (query methods) como por ejemplo findByCategoria . Es normal acabar teniendo demasiados métodos findBy porque hay demasiadas consultas de filtrado . El uso de Spring Data Specifications a nivel puede ser también clave para aportar una mejor solución

Resumen

Todos los frameworks deben de soportar este enfoque de niveles de conocimiento ya que permite transmitir la cultura de una forma más gradual para que todo el mundo puede entrar a usarle. Sin LOK muchos frameworks que parecen muy potentes acaban fracasando porque el nivel de conocimiento de entrada es muy alto. Otros muchos que son muy sencillos no se acaban usando porque no abordan con garantías problemas complejos. Tengamoslo siempre en cuenta. Los frameworks que hemos usado cumplen con LOK y es una forma también de diferenciar perfiles Juniors y Seniors. Los Juniors les gusta mucho LIM y a los seniors LOK

DTOS OCP Acoplamiento y Fragilidad

En el capitulo anterior hemos construido un API REST sencillo que encargara de facilitar la extensilidad del sistema. Es decir con el nuevo API REST la aplicación es fácilmente extensible a nivel de interface de usuario simplemente necesitamos diseñar un nuevo interface y conectarlo al API REST.

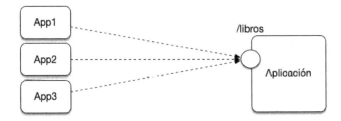

Sin embargo el principio OCP no es solo un principio abierto a la extensibilidad sino también cerrado a las modificaciones. Es decir al extender el sistema no debiéramos tener que cambiar lo que ya esta previamente construido. Eso también parece cumplirse ya que podemos añadir nuevos interfaces de usuario sin cambiar el servicio REST sin embargo tenemos un problema . Hemos generado un alto acoplamiento entre el servicio REST y el resto de aplicaciones a través de los objetos de negocio como Libro y Categoria y sus URLS.

Cualquier cambio en el concepto de Libro como que en vez de isbn tenga un id de identificador afectara a todas las aplicaciones clientes conectadas .Estas tendrán que tener este cambio muy en cuentay cambiar isbn por id. Se trata de un punto de inmutabilidad del sistema. Si se produce un cambio en el todas las aplicaciones dejarían de funcionar correctamente ya que el acoplamiento es muy alto.

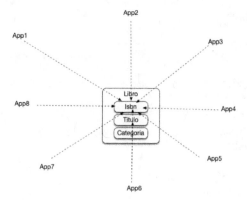

Si queremos reducir el acoplamiento de nuestros objetos de negocio con las aplicaciones externas necesitaremos usar Data Transfers Objects (DTOS). Vamos ha abordar en este capitulo su manejo e importancia.

Objetivos:

- Crear un LibroDTO que reduzca el acoplamiento

Tareas:

1. Crear LibroDTO
2. Crear una clase Mapper que Mapee de DTO o Objeto de Negocio y viceversa
3. Modificar el controlador REST y usar DTO

Creacion de LibroDTO

En nuestro caso necesitamos crear una nueva clase que contenga fundamentalmente los campos que tiene Libro pero que no este Ligada al negocio y a la base de datos . Necesitamos una clase sencilla.

Código 21.1 (LibroDto.java)

```java
public class LibroDto {

        private String isbn;
        private String titulo;
        private int categoria;
        public String getIsbn() {
                return isbn;
        }
        public void setIsbn(String isbn) {
                this.isbn = isbn;
        }
        public String getTitulo() {
                return titulo;
        }
        public void setTitulo(String titulo) {
                this.titulo = titulo;
        }
        public int getCategoria() {
                return categoria;
        }
        public void setCategoria(int categoria) {
                this.categoria = categoria;
        }
        public LibroDto(String isbn, String titulo, int categoria) {
                super();
                this.isbn = isbn;
                this.titulo = titulo;
                this.categoria = categoria;
        }
}
```

Libro Mapper

Una vez creada esta clase normalmente necesitamos una clase de apoyo o Mapper (LibroMapper) que se encargue de mapear de Libro a LibroDto y viceversa de tal forma que sea relativamente sencillo hacer transformaciones.

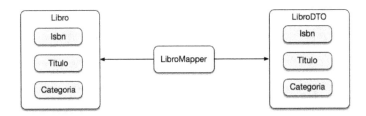

Vamos a mostrar la estructura de packages :

Vamos a ver su código:

Código 21.2 (LibroMapper.java)

```
import com.arquitecturajava.dto.LibroDto;
import com.arquitecturajava.models.Categoria;
import com.arquitecturajava.models.Libro;

public class LibroMapper {

public static LibroDto toDto(Libro libro) {

return new LibroDto(libro.getIsbn(), libro.getTitulo(),
libro.getCategoria().getId());
}

public static Libro toEntity(LibroDto libroDto) {

return new Libro(libroDto.getIsbn(), libroDto.getTitulo() ,
        new Categoria( libroDto.getCategoria()));
}
}
```

Acabamos construir esta clase . Es momento de modificar el ServicioREST para que se encargue de utilizar DTOS como objetos de transferencia de datos en vez de objetos de negocio puro que antes manejábamos apoyándonos en LibroMapper.

Código 21.3 (LibroRestController.java)

```java
@RestController
@RequestMapping("/webapi/libros")
public class LibroRestController {

@Autowired
private LibroService servicio;

public LibroRestController() {

}
@GetMapping
public List<LibroDto> buscarTodos() {
        return servicio.buscarTodos().stream().map(LibroMapper::toDto).toList();

}

@GetMapping("/{isbn}")
public Optional<LibroDto> buscarUno(@PathVariable ("isbn") String isbn) {

        return servicio.buscarUnLibro(isbn).map(LibroMapper::toDto);

}

@GetMapping(params="categoria")
public List<Libro> filtroCategoria(@RequestParam int categoria)
List<Libro> listaFiltrada =
servicio.buscarTodosPorCategoria(new Categoria(categoria));
listaFiltrada.stream().map(LibroMapper::toDto).toList();
return listaFiltrada;
}

@DeleteMapping("/{isbn}")
public void borrar(@PathVariable(value = "isbn") String isbn) {
        servicio.borrar(isbn);
}
@PostMapping
public void insertar(@RequestBody LibroDto libroDto) {
        servicio.insertar(LibroMapper.toEntity(libroDto));
}

}
```

Acabamos de modificar nuestra aplicación de tal forma que en vez de publicar Recursos de tipo Libro publique LibroDto. De esta forma las aplicaciones que se conecten a la nuestra dependen directamente del DTO y no del objeto de negocio. Este como su nombre indica puede cambiar por temas de negocio y no es tan inmutable las relaciones de acoplamiento quedan como muestra el diagrama.

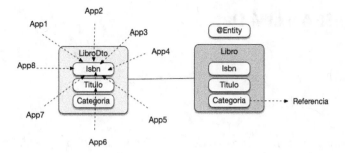

Resumen

Los DTOS o Data Transfer Objects son hoy en día una de las herramientas fundamentales en la construcción de arquitecturas REST ya que ayudan de desacoplar los sistemas.

REST Web SPA y LIM Data

En el capitulo anterior hemos construido un DTO para nuestro API REST de tal forma que reduzcamos el acoplamiento entre las aplicaciones Cliente y el API Rest. Ahora disponemos de un servicio REST al cual podemos conectarnos desde cualquier aplicación de una forma desacoplada. Vamos a desarrollar una pequeña aplicación de JavaScript que sea similar a la que teníamos construida pero algo mas sencilla y que cada vez que cargemos una pagina haga una petición Ajax al Servicio Rest y cargue los datos o los guarde

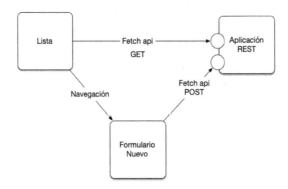

Objetivos:

- Crear una aplicación de JavaScript Cliente

Tareas:

1. Crear la pagina de listado
2. Construir una petición Ajax
3. Crear la pagina de formulario
4. Realizar la petición Ajax
5. Arquitectura SPA y LIM Data

JavaScript y ListaLibro

Necesitamos desde JavaScript conectarnos al API REST . Por simplicidad voy a generar los ficheros en la misma aplicación que tengo en la carpeta de static resources de Spring Boot ya que sino necesitaría activar CORS.

```
src/main/resources
  static
    aplicacion.html
```

Para ello podríamos usar el API de Fetch de JavaScript e invocar a /webapi/libros para que cargue la lista de libros con esta función por ejemplo .

Código 22.1 (appspa.js)

```
async function cargarlibros() {

        const respuesta = await fetch("/webapi/libros");
        const libros = await respuesta.json();
        return libros;

}
```

Para posteriormente cargarlo en un pagina web en la zona que tenga una tabla con el id "tablalibros".

Código 22.2 (aplicacion.html)

```
<table id="tablalibros">
</table>
</body>
</html>
```

Para ello usaremos un sencillo script de Javascript que se encargue de cargar los datos via REST cuando la pagina se cargue usando jQuery :

Código 22.3 (appspa.js)

```
window.onload = function() {

cargarlibros().then(function(libros) {

        libros
        .map(l => `<tr><td>${l.isbn}</td><td>${l.titulo}</td>`)
        .forEach(fila => $("#tablalibros").append(fila));
        })

}
```

El resultado es operativo:

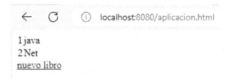

Es algo mas sencillo que en la aplicación de partida pero estamos construyendo una aplicación de JavaScript desde cero que no es el tema fundamental de nuestro libro. Lo importante es entender los conceptos fundamentales a nivel de principios y patrones.

Formulario y JavaScript

Dispondremos también de un formulario que realizará una petición de tipo POST con Ajax al servidor para insertar el libro. Ahora bien hay algo que muchas veces nos olvidamos de una cosa. Estamos navegando entre paginas a veces entre muchas páginas

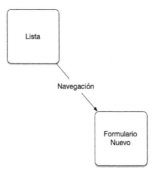

Por lo tanto en esta pequeña aplicación cuantos mas registros insertemos mas repetiremos la navegación desde el listado al formulario.

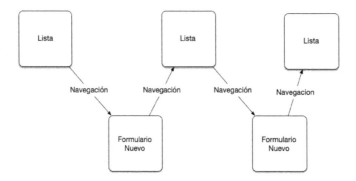

En principio puede no parecernos importante pero si nos damos cuenta cada vez que pedimos una pagina hacemos dos cosas cargamos la pagina (estructura) y enviamos o cargamos datos **esto genera la vista final.**

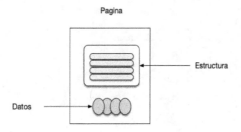

Esto nos puede parecer normal pero si lo pensamos un poco mas a detalle nos damos cuenta que la estructura de las paginas una vez cargada (lista o formulario) no cambia , es inmutable . Lo que podemos cambiar son los datos pero la propia estructura de tabla o formulario no hace falta volverla a cargar . Eso nos lleva a hablar de Arquitecturas SPA (Single Page Aplication) y LIM Data

SPA y LIM Data

El principio LIM (Less Is More) se puede aplicar a muchas cosas y una de ellas es los datos que transferimos entre diferentes sistemas . Cuanta menos información se transmita mejor si no es necesaria .

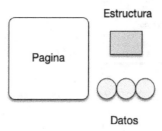

Esto nos abre la puerta a SPA (Single Page Appplication) . Cuando manejamos Arquitecturas Web modernas tipo Angular o React .Todas las paginas de la aplicación están precargadas y se mantienen en cache para hidratarlas de datos según necesidades.

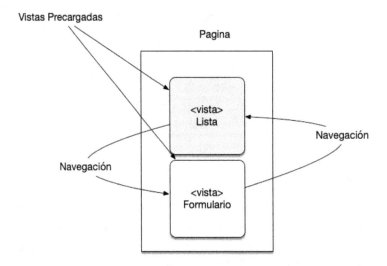

La navegación simplemente se encarga de ocultar o mostrar una vista mientras que en la vista que se muestra se cargar los datos via Ajax y Fech API.

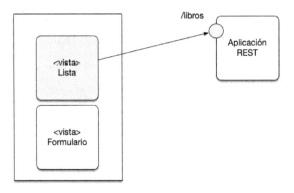

En este caso hemos visto como buscar y ahora mostramos como nos afectaría insertar.

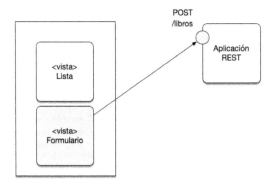

Vamos a ver un poco el código a nivel de html y Javascript sin entrar demasiado a detalle de lo que es una aplicación SPA. Primero la estructura HTML SPA que incluye dos vistas en una misma página (Single Page Application) el formulario y el listado. Esto hace que una vez cargada la página no sea necesario volverla a cargar cuando navegamos.

Código 22.4 (aplicación.html)

```html
<!DOCTYPE html>
<html>
<head>
<meta charset="ISO-8859-1">
<title>Insert title here</title>
<script src="https://code.jquery.com/jquery-3.7.1.js" integrity="sha256-
eKhayi8LEQwp4NKxN+CfCh+3qOVUtJn3QNZ0TciWLP4="
crossorigin="anonymous"></script>
</head>
<body>

<div id="lista">

<div id="tablalibros">
</div>
<a href="#" id="verformulario">nuevo libro</a>
</div>
<div id="formulario">
<form>
   <label for="isbn">ISBN:</label>
   <input type="text" name="isbn" id="isbn" required><br/>

   <label for="titulo">Titulo:</label>
   <input type="text" name="titulo" id="titulo" required><br/>

   <label for="categoria">Categoria:</label>
  <select name='categoria' id="categoria">

        </select>
        <input type="hidden" name="accion" value="insertarlibro"/>
   <input type="button" value="Guardar Libro" id="botonguardar">
</form>
</div>


<script type="text/javascript" src="appspa.js">

</script>
</body>
</html>
```

Ahora el código de JavaScript appspa.js con las llamadas Ajax y un poco de JQuery que intercambia vistas de forma sencilla. Recordemos que hoy por hoy estas arquitecturas se construyen con React o Angular.

Código 22.5 (appspa.js)

```javascript
window.onload = function() {
        $("#formulario").hide();
        $("#verformulario").click(function(e) {
                $("#formulario").show();
                $("#lista").hide();
                e.preventDefault();
        })
        $("#botonguardar").click(function(e) {
                insertarLibro().then(() => {

                        return cargarlibros();
                }).then(function(libros) {
                        $("tr").remove();
                        libros
                        .map(l => `<tr><td>${l.isbn}</td><td>${l.titulo}</td>`)
                        .forEach(fila => $("#tablalibros").append(fila));

                        $("#formulario").hide();
                        $("#lista").show();
                });
                e.preventDefault();
        });
        cargarlibros().then(function(libros) {

                libros
                        .map(l => `<tr><td>${l.isbn}</td><td>${l.titulo}</td>`)
                        .forEach(fila => $("#tablalibros").append(fila));
        })

        cargarCategorias().then(function(categorias) {
                categorias
                        .map(c => `<option value='${c.id}'>${c.nombre}</option>`)
                        .forEach(option => $("#categoria").append(option));
        })
}

async function cargarlibros() {

        const respuesta = await fetch("/webapi/libros");
        const libros = await respuesta.json();
        return libros;

}
async function cargarCategorias() {

        const respuesta = await fetch("/webapi/libros/categorias");
        const categorias = await respuesta.json();
        return categorias;
```

```
}
async function insertarLibro() {
        const respuesta = await fetch("/webapi/libros", {
                headers: {
                        'Accept': 'application/json',
                        'Content-Type': 'application/json'
                },
                method: "POST",
body: JSON.stringify({ isbn: $("#isbn").val(), titulo: $("#titulo").val(), categoria:
$("#categoria").val() })
        });
}
```

Resumen

Acabamos de diseñar una Aplicación SPA que usa el principio LIM Data para mantener cargado el HTML y usando JavaScript Ajax y JSON cargar únicamente los datos mínimos necesarios. Tenemos una aplicación Cliente JavaScript básico con una arquitectura moderna ligado a nuestros servicios REST.

Spring WebFlux LIM (Time)

Es momento de abordar el último capitulo Spring WebFlux y LIM (Time) en este capitulo vamos a construir un ejemplo sencillo basado en los anteriores. Pero usando Spring Webflux **y programación Reactiva. Haciendo hincapié en el manejo del tiempo como recurso.**

Spring WebFlux

¿Para que sirve Spring WebFlux? Hay muchas situaciones en las cuales una aplicación A tiene que recibir datos de otras aplicaciones B y C de tal manera que la aplicación A sirve de agregador de las aplicaciones B y C. **Esto conlleva una conexión a esas aplicaciones y una gestión de peticiones y tiempos de respuesta entre ellas.**

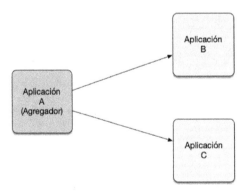

¿Cómo podemos construir algo así partiendo de la aplicación de Libros que tenemos construida?. Podemos dublicar nuestra aplicación y tener 2 aplicaciones cada una de ellas se conectara a una base de datos diferente y devolverá un grupo de datos distintos.

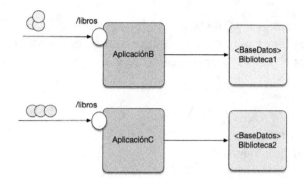

Tendremos que construir en este capitulo una aplicación que sea capaz de aglutinar los datos que llegan de la aplicacion B y de la aplicación C. Esta aplicación será nuestra aplicación Cliente REST.

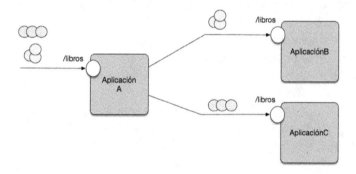

Vamos a ver los objetivos de este capitulo:

Objetivos:

- Crear una nueva aplicación que aglutine datos de otras via REST

Tareas:

1. Crear la nuevas aplicaciones B y C
2. Crear un nueva aplicación A que se encargue de aglutinar datos
3. Manejar RestTemplates
4. Spring WebFlux y LIM

Crear las nuevas aplicaciones

Para crear las aplicaciones B y C no tenemos que hacer gran cosa ya que es suficiente con duplicar las que tenemos y crear una nueva base de datos con nuevas tablas . Además de cambiar el puerto de arranque del servidor de una de ellas.

Aplicación A:

```
spring.datasource.url=jdbc:mysql://localhost:3306/biblioteca2
spring.datasource.username=root
spring.datasource.password=
spring.datasource.driver.class=com.mysql.jdbc.Driver
server.port=8081
```
Aplicación B:

```
spring.datasource.url=jdbc:mysql://localhost:3306/biblioteca3
spring.datasource.username=root
spring.datasource.password=
spring.datasource.driver.class=com.mysql.jdbc.Driver
server.port=8082
```

Ya tenenos las aplicaciones actualizadas y hemos cargado nuevos datos en las bases de datos biblioteca2 y biblioteca3 para que sean complementarias. Vamos a ver como cada url carga unos datos diferentes.

Las aplicaciones funcionan correctamente. Ahora bien queremos entender el principio de LIM (Time) y como gestionar los tiempos de ejecución entre aplicaciones. Para facilitar este entendimiento vamos a modificar el listado del Servicio REST para que tarde mas tiempo en devolver los resultados y que podamos ver los problemas de gestión de tiempo mas claramente.

Código 23.1 (LibroRestController.java)

```java
@GetMapping
public List<LibroDto> buscarTodos() {
        try {
        Thread.sleep(5000);
        } catch (InterruptedException e) {
        e.printStackTrace();
        }
        return servicio.buscarTodos().stream().map(LibroMapper::toDto).toList();

}
```

Esto hará que el servicio REST tarde 5 segundos en devolver los datos:

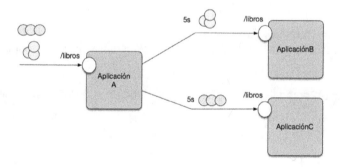

Es momento de empezar a diseñar la aplicación A o aplicación cliente que se encargara de obtener y fusionar los datos de las otras dos aplicaciones . Realmente hay poco que construir nos vale con copiarnos una de las aplicaciones y prácticamente vaciarla quedandonos con un controlador y un DTO. Esto también podría ser abordado con un Maven MultiModule. Nosotros nos vamos a mantener en la versión básica y simplemente copiaremos el DTO.

```
v webspringACliente
  v src/main/java
    v com.arquitecturajava
      > Application.java
    v com.arquitecturajava.dto
      > LibroDto.java
    v com.arquitecturajava.restcontrollers
      > LibroRestController.java
  .. src/main/resources
```

En nuestro caso el controlador que tenemos que construir es muy sencillo ya que va a usar un RestTemplate para solicitar datos a las otras dos aplicaciones. Un RestTemplate es un objeto de Spring que hace peticiones REST a otras aplicaciones.

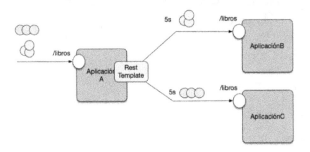

Veamos su código:

Código 23.2 (LibroRestController.java)

```java
@RestController
@RequestMapping("/webapi/libros")
public class LibroRestController {

@GetMapping
public List<LibroDto> buscarTodos() {

RestTemplate plantilla= new RestTemplate();
List<LibroDto> lista1=plantilla.getForObject("http://localhost:8081/webapi/libros",
List.class);

List<LibroDto>lista2=plantilla.getForObject("http://localhost:8082/webapi/libros",
List.class);
lista1.addAll(lista2);
return lista1;
}
}
```

Es momento de ejecutar la aplicación Cliente y ver el resultado en el navegador:

```
1   [
2       {
3           "isbn": "1",
4           "título": "java",
5           "categoria": 1
6       },
7       {
8           "isbn": "2",
9           "título": "Net",
10          "categoria": 1
11      },
12      {
13          "isbn": "3",
14          "título": "python",
15          "categoria": 1
16      },
17      {
18          "isbn": "4",
19          "título": "PHP",
20          "categoria": 1
21      }
22  ]
```

Todo funciona correctamente y hemos cargado los datos . Sin embargo tenemos un problema al tardar cada petición 5 segundos la suma de ambas tarda 10 algo que no es adminible y que penaliza de una forma muy fuerte el rendimiento.

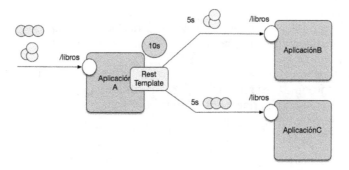

Spring WebFlux y LIM Time

Esto se debe a que los RestTemplates son elementos bloqueantes a nivel de ejecución. Tenemos que esperar a que el RestTemplate termine la primera petición para abordar la segunda petición de esta forma si la primera petición tarde 5 segundos y la segunda petición tarde 5 segundos el total será 10 . Ya que la segunda petición tiene que esperar a que la primera termine.

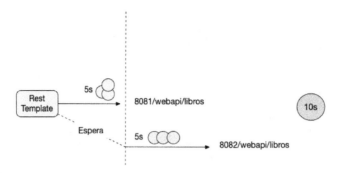

Es momento de usar una tecnología no bloqueante como Spring WebFlux que añade complejidad pero permite solventar este tipo de situaciones. Para ello lo primero que tendremos que hacer es generar una nueva aplicación muy similar a la anterior por no decir idéntica pero que tiene webflux como dependencia . Vamos a ver el pom.xml

Código 23.3 (pom.xml)

```xml
<dependencies>
        <dependency>
                <groupId>org.springframework.boot</groupId>
                <artifactId>spring-boot-starter-webflux</artifactId>
        </dependency>
        <dependency>
                <groupId>org.springframework.boot</groupId>
                <artifactId>spring-boot-starter-test</artifactId>
                <scope>test</scope>
        </dependency>
</dependencies>
```

Una vez que temenos hecho esto podemos usar dos objetos nuevos a la hora de trabajar con programación . Los Flux y los Monos . Ambos son objetos no bloqueantes por lo tanto cuando los usemos para hacer peticiones REST se podrán realizar peticiones REST en paralelo .

Vamos a ver el código del servicio REST de agregación a la hora de usar Fluxes y programación no bloqueante (Reactive) con Spring WebFlux.

Código 23.4 (LibroRestController.java)

```java
import org.springframework.web.bind.annotation.GetMapping;
import org.springframework.web.bind.annotation.RequestMapping;
import org.springframework.web.bind.annotation.RestController;
import org.springframework.web.reactive.function.client.WebClient;
import com.arquitecturajava.dto.LibroDto;
import reactor.core.publisher.Flux;
import reactor.core.publisher.Mono;


@RestController
@RequestMapping("/webapi/libros")
public class LibroRestController {

@GetMapping
public Flux<LibroDto[]> buscarTodos() {


WebClient cliente1 = WebClient.create("http://localhost:8081/webapi/libros");
Mono<LibroDto[]> libros1=cliente1.get().retrieve().bodyToMono(LibroDto[].class);

WebClient cliente2 = WebClient.create("http://localhost:8082/webapi/libros");
Mono<LibroDto[]> libros2=cliente2.get().retrieve().bodyToMono(LibroDto[].class);

Flux<LibroDto[]> todosLosLibros=Flux.merge(libros1,libros2);
return todosLosLibros;
}
}
```

Se trata de unas peticiones sencillas de la clase WebClient. Estas peticiones atacan a la aplicación B y C en los puertos 8081 y 8082 obteniendo dos objetos Mono no bloqueantes. Estos dos objetos se combinan en un Flux a través de una operación de merge.

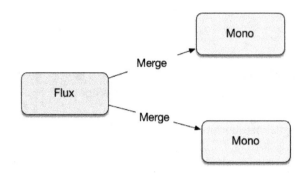

Si ahora probamos el servicio REST de agregación recibiremos los datos fusionados de los otros dos servicios REST en 5s ya que las dos peticiones se realizan en paralelo. Acabamos de usar LIM Time a nivel de REST . Usando Spring WebFlux y objetos Mono y Flux

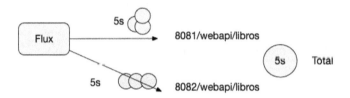

Resumen

La gestión y el ahorro de tiempos de ejecución es importante cuando trabajamos con proyectos complejos y muchas veces conceptos como Flux, Monos , Programación Reactiva , Futures son claves para que los tiempos se gestionen correctamente.

Conclusiones

En los capítulos anteriores hemos ido paso a paso desarrollando una pequeña aplicación Java EE con Spring Boot . Para ello hemos hecho uso de principios de ingenieria, de frameworks y de patrones de diseño diversos .Todos ellos juntos nos han permitido desarrollar una aplicación flexible. Ahora bien quizas una pregunta dificil de responder es la siguiente.

¿Qué es lo mas importante?

- Patrones de Diseño
- Frameworks
- Principios de Ingenieria

Por mi experiencia para la mayor parte de los desarrolladores lo mas importante es sin ninguna duda el conjunto de frameworks que ha de utilizar . Mi experiencia me dice que aunque evidentemente esto es clave a la hora de desarrollar una arquitectura es todavia mas importante conocer y comprender los distintos Patrones de Diseño .Todos los frameworks estan construidos apoyandose en los distintos patrones de diseño y un conocimiento sólido de estos nos permitira entender de una forma mas natural el funcionamiento de estos frameworks . Por recordar algunos de los ejemplos que hemos cubierto en los distintos capítulos.

- MVC con Servlets y Spring MVC
- ActiveRecord
- Servicios y Repositorios
- Mappers y DTOs

Ahora bien si seguimos profundizando en este analisis pronto nos daremos cuenta que todos los patrones de diseño que utilizamos en los distintos capítulos aparecen a partir del uso de uno de los principios de ingenieria de software. Por ejemplo el patron MVC aparece una vez que hemos dividido las responsabilidades usando el principio SRP .Por otro lado el patrón de Servicio aparece al agrupar las mismas responsabilidades (GSR). Otros Patrones como el GenericRepository aparece cuando usamos LIM Code o DRY.

Lo mas importante para los Arquitectos

Por lo tanto lo mas importante para los arquitectos es conocer estos principios de ingenieria de software ya que nos facilitara sobremanera el entender porque un codigo se ha de construir de una manera u otra .A continuación se muestra un diagrama de la relacion entre los tres conceptos.

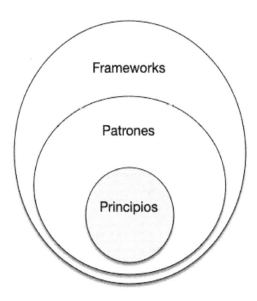

Hemos visto muchos principios durante los distintos capítulos del libro vamos a enumerarlos a continuacion.

- DRY (Dont Repeat YourSelf)
- SRP (Simple responsibility Principle)
- GSR (Group Same Responsability)
- IOC (Inversion of Control)
- DIP (Dependency Inversion Principle)

- COC (Convention over Configuration)
- OCP (Open Closed Principle)
- ISP (Interface Segregation Principle)
- LIM (Less is More)

Quizás uno de los principios más curiosos es el principio LIM que le hemos usado de diferentes formas.

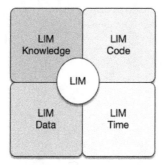

LIM se puede aplicar de 4 formas distintas.

- LIM Code: Menos código es más
- LIM Knowledge : Necesitar menos conocimiento es más
- LIM Data : Necesitar transferir menos información es mejor
- LIM Time: Procesar todo en menos tiempo es mejor

Java un Ecosistema

Hemos desarrollado durante los distintos capítulos una aplicación Java EE .Es probable que mucha gente pueda pensar que son Spring Boot y JPA y Spring Data los standars a a hora de desarrollar pero podríamos haber construido esto también con Quarkus y Panache sin problemas abordando otros estándares.

Resumen

Lo importante son los Principios y Patrones y no tanto las herramientas ya que estas con el paso del tiempo van cambiando . Si uno tiene claro estos Principios y Patrones será capaz de de detectar que nuevas tecnologías pueden tener futuro. Me sorprendió mucho encontrar gente al principio que no veía el futuro de Spring Boot y seguían con Spring Framework puro. Boot hace uso intenso de muchos de los principios LIM LIM Knowledge (starters) , LIM Code (Data) , LIM Time (WebFlux) . Espero haberte aportado una visión de Arquitectura de las tecnologías de desarrollo :) . Un placer tenerte como lector del blog.

Contacto , Recomendaciones y Colaboraciones

Muchas personas después de leer mi libro les quedan preguntas o dudas sobre su contenido. Hay cosas muy sencillas que se me pueden preguntar por correo contacto@arquitecturajava.com e intentare responderte en unos días .

Otras personas quieren simplemente contactar y seguirme en redes sociales os dejo mi linkedin y twitter. Te animo a hacerlo :)

Linkedin: https://www.linkedin.com/in/cecilioa/

Twitter: @arquitectojava

Cursos recomendados de mi plataforma para avanzar:

Los contenidos que tengo en formato digital están cada día mas orientados a profesionales y empresas , Muchos desean contratar algunas de estas formaciones para mejorar su capacitación y realizarme consultas . Mis recomendaciones dentro de mi catalogo de cursos profesionales son :

Curso de Principios Solid

https://cursos.arquitecturajava.com/p/principios-solidos

Curso de Patrones

https://cursos.arquitecturajava.com/p/diseno-patrones

Curso de Patrones Enterprise

https://cursos.arquitecturajava.com/p/enterprise-patterns-patrones-enterprise

Curso de Spring REST

https://cursos.arquitecturajava.com/p/curso-spring-rest

Curso de Spring Data

https://cursos.arquitecturajava.com/p/curso-spring-data

Estas formaciones pueden ser bonificables (FUNDAE) si es vuestro caso

Cursos Expertos Aula virtual

Este es otro área en donde las empresas me suelen requerir cursos de nivel "experto/consultoria" sobre algunas de las temáticas más avanzadas o sobre temáticas que mezclan varias áreas para impartir en Aula Virtual ya sea Zoom, Teams ,Google Meet etc.

Cursos Expertos habituales :

1. **Arquitectura y Productividad** : Actualiza tu Arquitectura hacia un enfoque moderno maximizando la extensibilidad y productividad .
2. JPA Optimización y Rendimiento : Aborda JPA y Domain Driven Design en profundidad enfocandote en buenas prácticas y rendimiento en la construcción de la capa de persistencia entiendiendo a fondo como estos frameworks funcionan
3. Spring Data y Productividad : Diseña la capa de Persistencia con Spring Data y aborda como mejorar el rendimiento de las aplicaciones usando Spring Data todas sus opciones a nivel de diseño y rendimiento.
4. Arquitecturas REST : Diseña arquitecturas REST flexibles y abiertas usando todas las capacidades de Spring REST ,Swagger, Jackson etc.

Si estas interesado en algunas de estas formaciones en aula virtual o necesitas algo complementario ponte en contacto conmigo en : contacto@arquitecturajava.com o a través de mi cuenta de Linkedin o Twitter.

www.ingramcontent.com/pod-product-compliance
Lightning Source LLC
LaVergne TN
LVHW081523050326
832903LV00025B/1601

*9 7 9 8 3 2 2 8 8 3 1 5 9 *